西南林业大学经管学术文库

云南省哲学社会科学创新团队建设项目资助（项目编号：2023YNCX002）
云南省社科规划社会智库项目资助（项目编号：SHZK2023318）

中国数字经济发展与碳排放强度研究

李振兴　郑培江　王莉莉　齐英瑛　刘丽霞◎著

Study on China's Digital Economy Development and
Carbon Emission Intensity

经济管理出版社
ECONOMY & MANAGEMENT PUBLISHING HOUSE

图书在版编目（CIP）数据

中国数字经济发展与碳排放强度研究/李振兴等著 . —北京：经济管理出版社，2024.5

ISBN 978-7-5096-9705-4

Ⅰ.①中…　Ⅱ.①李…　Ⅲ.①信息经济—经济发展—关系—二氧化碳—废气排放量—研究—中国　Ⅳ.①F492 ②X511

中国国家版本馆 CIP 数据核字（2024）第 095045 号

组稿编辑：郭　飞
责任编辑：郭　飞
责任印制：许　艳
责任校对：张晓燕

出版发行：经济管理出版社
　　　　　（北京市海淀区北蜂窝 8 号中雅大厦 A 座 11 层　100038）
网　　址：www. E-mp. com. cn
电　　话：（010）51915602
印　　刷：唐山玺诚印务有限公司
经　　销：新华书店
开　　本：720mm×1000mm/16
印　　张：13. 75
字　　数：212 千字
版　　次：2024 年 5 月第 1 版　2024 年 5 月第 1 次印刷
书　　号：ISBN 978-7-5096-9705-4
定　　价：88. 00 元

前　言

　　碳排放问题已成为国际社会关注的焦点，其对气候变化和全球环境的影响日益凸显。随着工业化和城市化进程的加速，全球化石能源的消耗量急剧增加，导致温室气体尤其是二氧化碳的排放量持续攀升。二氧化碳大量的排放不仅加剧了全球变暖，还对全球生态系统和人类健康产生了深远影响。在这一背景下，中国作为全球最大的碳排放国之一，"如何推动碳减排"的问题对于中国乃至世界都尤为重要。为此，中国在 2020 年制定了"碳达峰""碳中和"的目标，致力于通过调整能源结构、提升能源效率和发展清洁能源等措施，以进一步推进碳减排和实现绿色发展。

　　在应对碳排放挑战的过程中，数字经济的发展提供了新的解决方案。具体而言，数字经济通过信息通信技术的应用，促进了生产方式和消费模式的变革，有助于减少能源消耗和提升能源利用效率。此外，数字经济还促进了低碳技术的创新和应用，如新能源汽车、智能电网和碳交易平台等，为实现低碳发展提供了技术支撑。在此背景下，研究中国数字经济发展与碳排放强度之间的关系，不仅有助于深入理解数字经济发展对于碳减排的潜力和作用机制，而且对制定科学的碳减排策略和推动经济转型升级具有重要的现实意义。据此，本书围绕中国数字经济发展与碳排放强度之间的关系进行研究，主要内容安排如下：

　　第 1 章导论。主要阐述数字经济发展与碳排放强度的研究背景、研究目的和研究意义。第 2 章文献综述。该章对数字经济的概念进行界定，并整理了数字经济和碳排放强度的测度方法和影响因素。此外，还对现有国内外研究中关于数字经济发展影响碳排放强度的文献进行了梳理。第3章数字经济降低碳排放强度的理论分析。该章主要分析了数字经济影响碳排放强度的作用机制，包括促进市场中介发展、提升资源配置效率、促进研发创新、促进金融发展、促进技术市场交易五个方面。第4章中国各省份数字经济发展与碳排放强度的描述性分析。该章介绍了数字经济发展水平和碳排放强度的测度方法，并测算了2000~2021年中国各省份的数字经济发展水平和碳排放强度。基于测算结果，分别分析了东部地区、中部地区、西部地区和东北地区各省份数字经济与碳排放强度的发展现状。第5章数字经济发展对碳排放强度的影响效应。该章基于2000~2021年的省际面板数据，采用固定效应模型对数字经济发展与碳排放强度的关系进行实证检验。第6章数字经济发展影响碳排放强度的机制分析。该章基于中介效应模型，对第3章提出的五种作用机制进行实证检验。第7章数字经济发展对碳排放强度的空间溢出效应分析。该章基于空间计量模型，主要探究数字经济发展对于碳排放强度的影响在各省份之间的空间溢出效应。第8章研究结论与政策建议。该章总结了本书的主要研究结论，并根据中国当前数字经济发展和碳排放强度现状，提出相应的政策建议。

基于以上研究，本书得出以下主要结论：

第一，数字经济发展与碳排放强度之间存在显著的负相关关系，即数字经济发展有助于降低碳排放强度，这一结果在内生性检验和其他稳健性检验中均得到验证。数字经济发展对碳排放强度的影响存在显著的区域异质性。分位数回归分析表明，数字经济发展对碳排放强度的影响存在非线性特征，即在低碳排放水平上，数字经济的发展对碳排放强度的影响较弱，而在高碳排放水平上，数字经济的发展对碳排放强度的影响较强，表明数字经济的减排效益在高碳排放水平上更为明显。

第二，数字经济发展对碳排放强度的机制分析结果表明：①数字经济发展通过促进市场中介的发展，有效降低了碳排放强度，这一结果展示了市场中介在推动经济活动低碳化发展过程中的关键作用。②数字经济发展通过提升资源配置效率，显著降低了碳排放强度，这一结果凸显了提升资源配置效率在促进低碳转型中的重要性。③数字经济发展通过促进研发创新，显著降低了碳排放强度，这一结果表明研发创新可通过促进能源技术的发展，为低碳转型提供技术支持。④数字经济发展通过促进金融发展，显著降低了碳排放强度，这一结果表明发展绿色金融有助于减少绿色能源项目的融资约束并推进经济活动的低碳转型。⑤数字经济发展通过促进技术市场交易，显著降低了碳排放强度，这一结果表明技术市场交易有助于加速低碳技术的推广和应用，进而推动低碳化发展。

第三，数字经济发展影响碳排放强度的空间溢出效应分析结果表明，数字经济发展对碳排放强度的影响不仅表现在本地区的直接效应，而且表现在邻近地区的间接效应，并且间接效应大于直接效应，说明数字经济具有显著的空间溢出效应。这意味着数字经济的发展不仅能够改善本地区的碳排放状况，还能够带动周边地区的碳排放水平下降，形成良性的区域协同效应。这一实证结果为数字经济和碳减排的跨区域合作提供了新的思路方案。

总体来看，中国数字经济与碳排放强度存在明显的区域差异，东部沿海地区的数字经济发展水平较高且碳排放强度较低，而中西部地区恰恰相反。这与东部地区的技术水平、产业结构、集聚程度、环境规制等因素有关，相对而言，中西部地区面临自然条件、资源禀赋、人口结构、市场化水平等方面的制约。这一现象揭示了当前中国区域发展不平衡的现状，同时也表明中国数字经济发展和碳排放强度降低还存在较大的提升空间。为此，中国各省份需进一步加强区域协调合作。具体而言，东部地区应该继续发挥数字经济发展的引领示范作用，推动数字经济在碳减排方面的技术创新与应用，同时加强对中西部地区的技术支持，帮助中西部地区提升数字经济发展水平和碳减排能力。中西部地区应该借鉴东部地区的经验，加快数字经济的发展步伐，同时积极推进数字技术在碳减排方面的应用，以进一步提升能源利用效率和推动绿色低碳发展。

作　者

2024 年 2 月

目 录

第1章　导论

1.1　引言

全球气候变化是当今世界面临最严峻的挑战之一。自工业革命以来，人类活动导致的温室气体排放不断增加，其中以二氧化碳为主。这些温室气体在大气层中形成了一层"温室"，阻碍了地球表面的热量向外辐射，从而造成了全球气候变暖的现象。全球气候变暖的后果是多方面的，包括冰川加速融化、海平面上升、极端天气频繁发生、生物多样性下降、粮食安全受到威胁等。为了应对全球气候变化，国际社会制定了《联合国气候变化框架公约》《巴黎协定》，旨在通过减少温室气体排放，控制全球升温幅度。

中国是世界上最大的发展中国家，也是世界上最大的能源消费国和碳排放国。过去40多年，中国经济高速增长，创造了世界罕见的经济增长奇迹。然而，这种经济增长也是以高能耗、高污染、高碳排放为代价的。中国的经济增长模式主要是依靠要素投入和规模扩张，而不是依靠技术进步和效率提升。到2020年，中国已连续19年成为全球增长最快的能源消费国，占全球碳排放量的29%。中国的碳排放强度，即单位GDP的碳排放量，也远高于世界平均水平。因此，中国在全球气候治理中承担着重要的责任和义务。

中国政府高度重视气候变化问题，制定了一系列应对气候变化的目标和措施。2021 年中国《政府工作报告》强调，中国将全力降低碳排放强度，构建清洁低碳能源体系，持续改善环境质量，制定 2030 年碳排放达峰行动计划，加快转变发展方式，走符合国情的绿色低碳、循环可持续发展道路。在 2020 年 9 月的第 75 届联合国大会上，中国向世界正式提出并承诺实现"双碳"目标，即 2030 年前实现碳排放达到峰值，2060 年前实现碳中和。这意味着中国将在 30 年内完成发达国家用了 60 年甚至更长时间才能完成的碳排放削减任务。

数字经济是指以互联网、大数据、云计算、人工智能等信息通信技术为基础，通过数字化的生产要素、数字化的生产过程、数字化的产品和服务，实现经济增长、社会发展和环境改善的一种新型经济形态。数字经济是新一轮科技革命和产业变革的重要成果，也是未来经济发展的重要方向。中国作为全球最大的数字经济体，正面临着数字化转型的巨大机遇和挑战。根据国家互联网信息办公室发布的《数字中国发展报告（2022年）》，2022 年，我国数字经济规模达 50.2 万亿元，同比名义增长 10.3%，已连续 11 年显著高于同期 GDP 名义增速，数字经济占 GDP 比重相当于第二产业占国民经济的比重，达 41.5%。这一数据反映了中国数字经济的快速发展和深刻影响。随着数字技术的迭代升级，中国数字经济与实体经济深度融合，催生了新的业态、模式和平台，推动了传统产业的转型升级，激发了经济增长的新动能。

数字经济不仅是经济发展的"新引擎"，也是应对气候变化的"新武器"。《2021 年数字碳中和白皮书》深刻揭示了数字技术在促进能源结构优化、提升能源利用效率以及降低碳排放强度方面的巨大潜力，指出了数字经济在实现"双碳"目标中的关键作用。首先，数字技术通过与关键的碳排放行业如电力、工业、交通等的深度融合，推动了这些领域的智能化和高效化转型。在电力领域，智能电网技术能够优化电力分配和消耗，减少能源浪费；在工业领域，通过物联网和大数据分析，可以实现生产过程的精细管理，提高资源利用率；在交通领域，智能交通系统和共享出行平台的应用，能够有效减少交通拥堵和降低车辆排放。这些技术的应用，不仅促进了传统产业的能效提升和绿色转型，也为减少全球碳排放提供了切实可行的途径。其次，数字技术还为碳减排和碳中和目标的实现提供了强大的数据支持和管理工具。通过数字化监测和预测技术，可以实时收集和分析环境数据，对碳排放进行精确测量，为制定减排策略提供科学依据；通过数字化评估和管理手段，可以构建碳排放数据库，实现碳排放的可视化和可追溯，增强碳减排工作的透明度和公信力；通过构建数字化激励机制，如碳交易和碳积分系统，可以激发企业和个人参与碳减排的积极性，促进全社会形成共同应对气候变化的强大合力。此外，数字经济在推动碳中和目标实现的同时，还有助于激发新的经济增长点和创造新的就业机会。绿色技术和低碳产品的研发、生产和应用，将带动一系列相关产业的发展，为经济可持续发展注入新的动力。

那么，数字经济能否成为新发展阶段碳减排的高效动力呢？两者间的影响机制是什么？效果是否存在时空差异？本书的目的是为了验证数字经济发展能否有效降低碳排放强度，并探讨其作用机制，进而为政策制定提供建议，引导数字经济高质量发展。

1.2 研究背景

自 1992 年《联合国气候变化框架公约》签署以来，国际社会就气候变化问题展开了多轮的谈判和合作，制定了一系列的国际协议和目标，如《京都议定书》《哥本哈根协议》《巴黎协定》等，旨在通过各国的共同努力，将全球平均温度升高控制在 2℃ 以内，尽可能低于 1.5℃。这些协议和目标为碳减排提供了政治和法律的框架和指引，也促进了各国在技术、资金、能力建设等方面的交流和支持。然而，由于各国的经济发展水平、历史责任、减排能力、利益诉求等存在差异，碳减排的责任分担、进度安排、监督机制等仍然存在争议和挑战，需要进一步加强对话和协调，形成更为公平和有效的全球气候治理体系。

作为全球最大的温室气体排放国和最大的发展中国家，中国在全球气候治理中扮演着重要的角色。中国一直积极参与国际气候合作，坚持"共同但有区别的责任"原则，根据自身国情和发展阶段，制定了符合国情、自主可控、可持续的碳减排目标和行动计划。2020年9月，中国国家主席习近平在第75届联合国大会上宣布，中国将力争于2030年前实现碳达峰，并努力争取2060年前实现碳中和的"双碳"目标。这是中国对全球气候治理的重大贡献，也是中国为建设人类命运共同体的重要举措。实现这一目标，意味着中国需要在30年内完成从碳达峰到碳中和的转变，这是一个前所未有的挑战，也是一个难得的机遇。中国需要在保持经济社会高质量发展的同时，加快能源结构和产业结构的转型升级，推动绿色低碳的发展模式和生活方式，加强科技创新和国际合作，提高应对气候变化的能力和水平。

近年来，数字技术正日益成为推动社会进步和经济增长的关键因素。尤其是大数据、云计算和人工智能等前沿技术，它们正在深刻地改变我们的工作方式、生活方式以及思考问题的方式。这些技术的融合和相互促进，不仅极大地提高了信息处理的效率和精确度，还催生了全新的商业模式和服务形态，从而推动了数字经济的快速发展和繁荣。随着数字技术在农业、制造业、服务业等传统领域的广泛应用，数字经济正逐步成为改变传统经济模式的重要力量。通过数字化转型，企业能够实现生产流程的优化、供应链管理的高效化、客户服务的个性化，从而提高整体的经济效益和市场竞争力。此外，数字经济还通过提供新的就业机会和促进创新创业，为经济增长注入了新的活力。更为重要的是，数字经济在推动全球价值链重构和促进经济绿色转型方面发挥了至关重要的作用。在全球化的背景下，数字技术使得信息和资源的流动更为便捷和高效，有助于构建跨国界、更加紧密和灵活的全球价值链。这不仅优化了全球资源的配置，还促进了知识和技术的全球传播，加速了全球经济的一体化进程。

与此同时，数字经济通过促进清洁能源和环保技术的应用，为经济的绿色转型提供了强有力的支撑。例如，通过智能电网和智能建筑技术可以实现能源的高效利用，通过大数据分析可以优化交通系统以减少碳排放，而人工智能技术则能够在环境监测和保护中发挥关键作用。这些技术的应用不仅有助于减少环境污染和碳排放，还有助于提高资源利用效率和促进可持续发展。

然而，数字经济的发展也存在着一些悖论和隐患。一方面，数字经济的发展所依赖的数字技术将带来更多的电力和能源消耗。云计算、区块链、数据中心等数字技术的基础设施的开发和运营需要更多能源密集型基础设施，这在一定程度上会导致更多的碳排放。另一方面，数字经济的发展对环境保护的贡献还缺乏充分的证据和评估。已有研究发现，数字经济给环境保护带来了更重的负担，而不是减轻了压力。因此，数字经济的发展不能简单地等同于碳减排的新路径，而需要在数字技术的创新和应用中充分考虑碳排放的影响和后果，建立数字经济与碳中和的协同机制，实现数字经济与绿色发展的双赢。这需要政府、企业、社会和个人共同努力，从数字技术的供给端、需求端和管理端入手，推动数字技术的低碳化、数字经济的绿色化和碳中和的数字化，为构建人类命运共同体贡献中国智慧和中国方案。

1.3 研究目的和研究意义

1.3.1 研究目的

本书通过对中国数字经济发展与碳排放强度的关系进行实证分析，揭示数字经济对碳排放的影响效应及其作用机制，为数字经济与低碳发展的协调提供科学依据和政策建议。具体而言，本书的目的包括以下几个方面：

第一，采用合理的指标体系和测度方法，对中国数字经济的发展水平和碳排放强度进行量化分析，反映数字经济与碳排放的基本态势和特征。通过构建数字经济发展指数和碳排放强度指数，对中国各省份的数字经济发展水平和碳排放强度进行评估和比较，分析数字经济与碳排放的时空分布规律和差异性。

第二，基于省际面板数据，运用多种计量模型检验数字经济发展对碳排放强度的影响效应，考察数字经济与碳排放之间的线性关系和空间效应。分析不同地区和行业的碳排放强度的影响因素和影响程度，揭示数字经济与碳排放的内在联系和作用机制。

第三，在探讨数字经济对碳排放影响的作用机制时，我们从五个关键方面进行深入分析，旨在全面揭示数字经济通过哪些途径和渠道影响碳排放，并评估这些影响的大小和方向。这样的探讨不仅有助于我们深入理解数字经济在促进可持续发展和应对气候变化方面的潜力，还能识别其中可能面临的挑战。这五个方面包括：数字经济是否通过促进市场中介发展降低碳排放强度、数字经济是否通过提升资源配置效率降低碳排放强度、数字经济是否通过促进研发创新降低碳排放强度、数字经济是否通过促进金融发展降低碳排放强度、数字经济是否通过促进技术市场交易降低碳排放强度。

第四，探讨数字经济发展对碳排放强度的空间溢出效应，这是理解数字经济影响范围和深度的关键方面。空间溢出效应指的是一个地区的数字经济发展不仅影响本地区的碳排放强度，还可能对邻近地区产生影响，这种影响可能是正面的，也可能是负面的。通过对这一效应的深入分析，我们旨在揭示数字经济在不同地区间如何通过多种机制和途径传递其对碳排放强度的影响，以及这些影响的大小和方向。

1.3.2 理论意义

第一，丰富和拓展了数字经济与碳排放的相关理论，为数字经济与低碳发展的协调提供了新的视角和思路。本书从市场中介、资源配置、研发创新、金融发展和技术市场交易五个方面，系统地分析了数字经济通过哪些途径和渠道影响碳排放，以及这些影响的大小和方向，揭示了数字经济与碳排放之间的内在联系和作用机制，为数字经济与低碳发展的协调提供了理论支撑和分析框架。

第二，深化对数字经济与碳排放之间非线性关系和空间效应的认识，为制定差异化的减排政策提供理论依据。本书基于省际面板数据，运用空间计量模型检验了数字经济发展对碳排放强度的影响效应，考察了数字经济与碳排放之间的非线性关系和空间效应，分析了不同地区和行业的异质性差异，为评估数字经济的环境效应提供了实证依据。本书发现，数字经济的发展显著降低了碳排放强度，这一影响在高碳排放地区更为显著，同时，数字经济的发展也对相邻地区的碳排放强度产生了负向的溢出效应，表明数字经济在促进可持续发展和应对气候变化方面具有潜力和优势。

第三，提出数字经济与碳减排的协调发展的政策建议，为实现数字经济与低碳发展的双赢提供理论指导。本书提出了推动数字技术的创新和应用，优化了数字经济的发展结构，加强了数字经济的环境监管，促进了数字经济的绿色转型，实现了数字经济与低碳发展的双赢的协调策略，为制定和实施减排政策提供了政策建议。数字经济与低碳发展的协调不仅是一种必然的选择，也是一种可行的路径，只有通过协调数字经济与低碳发展的关系，才能实现经济社会发展与环境保护的和谐统一。

1.3.3 实践意义

第一，有助于促进数字经济与低碳发展的协同，为实现"双碳"目标提供实践路径。本书通过协调策略，提出了如何利用数字经济的优势，推动低碳技术的创新和应用，优化产业结构和能源结构，提高能源效率和资源利用率，降低碳排放强度，实现数字经济与低碳发展的双赢。数字经济与低碳发展的协同是实现"双碳"目标的重要途径，只有通过协调数字经济与低碳发展的关系，才能实现经济社会发展与环境保护的和谐统一。

第二，有助于提升数字经济的绿色竞争力，为数字经济的可持续发展提供实践保障。本书通过协调策略，提出了如何加强数字经济的环境监管，促进数字经济的绿色转型，提高数字经济的绿色竞争力，为数字经济的可持续发展提供实践保障。本书认为，数字经济的绿色竞争力是数字经济的核心竞争力，只有通过加强数字经济的环境监管，促进数字经济的绿色转型，提高数字经济的绿色竞争力，才能实现数字经济的可持续发展。

1.4 本书结构安排

第2章对数字经济的概念进行了界定，并整理了数字经济和碳排放强度的测度方法和影响因素，对现有文献中数字经济发展影响碳排放强度的文献进行了梳理。

第3章分析了数字经济通过促进市场中介发展、提升资源配置效率、促进研发创新、促进金融发展、促进技术市场交易五个维度降低碳排放强度的影响机制。

第4章介绍了本书中数字经济和碳排放强度的测度方法，并测度了中国各省份的数字经济发展水平和碳排放强度。基于测度结果分析数字经济与碳排放强度在东部、中部、东北地区的区域发展差异。

第5章验证了数字经济发展能够降低碳排放强度，并证明了数字经济发展对碳排放强度的影响具有区位异质性。此外，本部分采用分位数回归模型，进一步考察了在不同分位数上，数字经济发展与碳排放强度之间的关系。

第 6 章旨在验证第 3 章提出的五种影响机制。

第 7 章探究了数字经济发展对碳排放强度的影响在各省份之间的空间溢出效应。

第 8 章总结了研究结论，提出了相应的政策启示，并对未来的研究作出展望。

第 2 章　文献综述

数字经济作为一种新经济形态，正逐渐成为全球经济增长的主要推力。它的发展不仅改变了经济社会的发展方式，还重塑了社会治理格局。在此背景下，研究数字经济对碳排放强度的影响尤为重要。综合考虑国内外学者对数字经济的研究，本书从以下五个方面进行文献综述。

2.1　数字经济的概念与测度

Carlsson（2004）提出了数字经济的概念，认为数字经济通过数字化信息和互联网的结合，为经济活动带来了新的可能性。他强调，随着互联互通程度的增加，数字经济更加注重新活动和新产品的创造，而不仅仅是提高生产率，这种观点突出了经济活动的动态性以及它对碳排放背后的经济活动的影响。Miao（2021）进一步深化了对数字经济的理解，引入了数字经济价值链（DEVC）的概念。他指出，数字经济是由数据、数字技术和数字模式等数字元素驱动的价值链创新，其核心在于数字经济价值创造活动的链式组织。这种组织方式不仅反映了价值的创造和传递，而且揭示了数字经济在碳排放过程中的角色。Williams（2021）对数字经济的不同概念进行了讨论，从数字领域、信息技术领域到真正的数字经济，以及数字经济与物联网、新兴平台和数字服务的关系。这种广泛的概念涵盖了数字经济对碳排放的多方面影响，包括数字化经济的应用范围。

在探讨数字经济的内涵和特征时，韩凤芹和陈亚平（2022）对数字经济进行了详细分析，强调了其定义的多样性以及数字经济发展中需要面对的统计、数据安全、数字鸿沟和监管等挑战。他们还提出了解决方案，以促进数字经济的健康发展。佟家栋和张千（2022）讨论了数字经济对未来经济发展的贡献，认为数字经济具有数据化、网络化、智能化和共享化的特征，并强调了构建数字治理体系以应对数字经济带来的机遇和挑战的重要性。陈梦根和张鑫（2020）探讨了数字经济在统计挑战和核算思路方面的问题，特别是在数字产品分类和测度方法方面的改进空间。许宪春等（2022）从国际视角出发，梳理了数字经济的概念、范围和增长测算方法，并探讨了数据资产的概念和价值测度问题。

对于中国的情况，杨晓娟和李兴绪（2022）明确了数字贸易的概念内涵，并建立了中国数字贸易的投入产出模型。杨仲山和张美慧（2019）讨论了数字经济卫星账户（DESA）的构建，提供了一种准确核算数字经济发展规模及其对宏观经济运行贡献的方法。Pan 等（2022）的研究揭示了数字经济与省级总要素生产率（TFP）之间存在的正向非线性关系。他们的发现表明，数字经济作为一种创新驱动力，促进了 TFP 的广泛可持续发展，这对于理解数字经济在不同地区对碳排放影响的区域差异具有重要意义。

2.2　碳排放的测度

在探讨中国数字经济发展与碳排放强度的关系中，碳排放的概念及其测度方法是基础性的议题。Ji 等（2023）针对上海市快速路网络下的碳排放测量进行了研究，提出了一种碳排放宏观基本图示模型（CE-MFD），并通过碳排放强度（CEI）指标量化交通动态对排放的影响。研究结果表明，道路拥堵与碳排放之间存在正向相关关系，并提出了相应的网络范围内交通控制措施以有效减少排放。渠慎宁等（2022）基于国家统计局发布的数字经济及其核心产业统计分类，构建了数字经济碳排放测算框架，并设计出了碳排放的测算方法。研究发现，中国数字经济产生的碳排放量近年来快速增加，碳排放总量比重从2008年的0.80%上升至2018年的5.53%。该研究预测，到2030年，数字经济碳排放占中国碳排放总量的比重将达到11.63%，成为主要碳排放来源之一。研究指出，中国数字经济的碳排放强度相对偏高，未能展现出绿色低碳的发展特征，这与人们对新兴领域的"绿色光环"认知存在较大偏差。因此，加强对数字经济碳排放的核算与监测，引导数字经济部门加快能源转型，提高数字产品及基础设施的能耗标准，是实现"双碳"目标的关键。Ma等（2019）基于2005~2016年中国能源消费数据，结合扩展的Kaya身份和对数平均Divisia指数（LMDI）分解方法，构建了优化的碳排放分解模型。研究指出，中国的碳排放占全球近1/3，且碳排放强度普遍高于全球平均水平。研究强调，减少能源消费强度、调整产业内部结构是促进中国低碳经济发展的重要手段。

在国际层面。韩中等（2018）探讨了国际最终需求视角下消费碳排放的测算与分解，利用世界投入产出数据库（WIOD）和MRIO模型，发现中国是全球出口隐含碳排放最多的经济体，而欧盟等发达经济体的消费碳排放中"境外排放"比例较高。王文治和陆建明（2016）采用Full-MRIO模型测算了中国与世界40个主要经济体之间的生产侧和消费侧碳排放及贸易隐含碳排放余额。研究发现，中国对多数国家的贸易隐含碳排放余额呈现顺差，实际为全球消费承担了较大的碳排放责任。他们提出将贸易利益作为分配因子，对贸易隐含碳排放余额进行分配，认为这一方法能更合理地测量中国的碳排放责任。

在国家层面。彭水军等（2015）基于WIOD提供的数据，使用MRIO模型和SDA方法，比较分析了1995~2009年中国生产侧和消费侧碳排放量及其增长的影响因素。研究发现，中国生产侧碳排放明显高于消费侧排放，且主要由国内最终需求规模的增长和生产部门投入结构变化所驱动，而碳排放强度的下降是抑制排放量增加的主要因素。屈超和陈甜（2016）通过构建 IPAT 模型并采用萤火虫优化算法，估算了中国 2030 年的二氧化碳排放强度。结果显示，第三产业的发展有助于降低二氧化碳排放强度，2030 年全国二氧化碳排放强度比 2005 年下降了 66.34%，表明中国有能力实现巴黎国际气候大会上提出的碳减排目标。

在省际层面。杨骞和刘华军（2012）通过对 1995～2009 年中国碳排放区域差异的分析，指出能源强度、能源结构、人均 GDP 和产业结构是造成碳排放差异的关键因素，为缩小地区碳排放差异提供了方向。周五七和聂鸣（2012）采用 SBM 模型对 1998～2009 年中国各省份工业碳排放效率进行测度，发现工业碳排放效率存在显著的区域差异，并对其收敛性进行了检验，为提高工业碳排放效率提供了依据。马大来等（2015）采用至强有效前沿的最小距离法测算了 1998～2011 年中国省际二氧化碳排放效率，研究揭示了省际碳排放效率的显著地区差异，指出经济规模、工业结构和能源消费结构对碳排放效率造成负面影响，而对对外开放、企业所有制结构及政府干预则有正向影响。田成诗和陈雨（2021）通过测算2006～2016 年中国 30 个省份的农业碳排放量，并采用基于动态自然权重的 TOPSIS 法对农业低碳化水平进行评价。研究表明，中国农业碳排放总量呈"V"型变化，且省际差异显著，农业低碳化水平整体不高。邵帅等（2022）从经济结构调整和绿色技术进步的角度探讨了中国低碳转型发展的路径。研究发现，中国碳排放绩效在不同时期有所波动，其中碳减排效应和要素节约效应对碳排放绩效的改善起到了关键作用。

在行业层面。多项研究关注了中国农业、工业和建筑业的碳排放情况。张广胜和王珊珊（2014）利用生命周期评价法构建了中国农业碳排放测算体系，研究揭示了农业碳排放结构的转变以及决定农业碳排放强度的关键因素，为农业碳排放的减少提供了策略方向。吴贤荣等（2014）系统测算了 2000～2011 年中国各省份农业碳排放效率及其变动趋势，发现农业碳排放效率存在明显的省际差异。他们指出产业结构、耕地面积及农业受灾程度等因素对农业碳排放效率有显著影响。田云和尹忞昊（2022）通过测算中国农业碳排放，研究显示，2005~2019年，中国农业碳排放总量呈下降趋势，农业碳排放强度持续降低，但省际差异显著。此外，农业碳排放受到市场和政府因素的共同影响，其中产业集聚水平与农业碳排放之间呈现倒"U"型关系，且具有显著的空间溢出效应。袁伟彦等（2022）运用时变参数C-D生产函数修正的LMDI分解法和Tapio脱钩模型，分析了2004~2019年中国工业碳排放的驱动因素及其脱钩效应。研究发现，除能源强度下降外，能源消费碳强度、工业行业结构、技术进步等因素对碳排放的影响不稳定。冯博和王雪青（2015）通过建立基于IPCC方法的碳排放测算模型，分析了2004~2011年中国各省份建筑业的碳排放量。研究发现，虽然各省份建筑业碳排放总体上呈逐年上升趋势，但能源碳排放强度效应、能源结构效应以及能源强度效应对碳排放产生了一定的负向影响，而间接碳排放强度效应和产业规模效应则是碳排放增长的主要驱动力。王丽萍和刘明浩（2018）基于投入产出法对1997~2014年中国物流业的碳排放进行了测算，指出间接碳排放对物流业碳排放总量的贡献已超过直接能耗碳排放，经济规模和服务业经济发展是物流业碳排放增加的主要驱动因素，而低碳技术的使用和行业效率提升有助于抑制碳排放增加。此外，Duren和Miller（2012）的研究聚焦于大城市的碳排放测量，提出了一个包括卫星观测在内的综合监测框架，强调了科学严谨的分析和数据共享对制定有效减排政策的重要性。

2.3 数字经济发展的影响效应

第一类文献聚焦于数字经济对经济高质量发展的影响。Ding等（2021）研究了中国30个省份的数据，发现数字经济对高质量经济发展具有显著作用。然而，这种影响在不同地区存在差异，东部地区受益更多。技术创新在数字经济影响中发挥着关键作用。研究建议政策制定者采取差异化的数字经济发展策略，以实现区域发展的平衡。Guo 等（2023）的研究聚焦于数字经济与城市高质量经济发展之间的联系。他们研究发现，数字经济通过提高人力资本和推动绿色技术创新，对城市经济产生显著积极影响。此外，数字经济还能够减轻发达地区的拥挤效应，为高质量经济发展创造了有利条件。万晓榆和罗焱卿（2022）的研究关注数字经济对全要素生产率的影响。他们研究发现，数字经济发展对全要素生产率具有显著的正向影响。数字经济发展指数、数字基础设施分指数、数字产业分指数和数字融合分指数都对全要素生产率产生积极影响，技术进步在其中发挥了关键作用。Xu 和 Li（2022）的研究探讨了数字经济对创新的影响。他们的研究表明，数字经济在中国不同地区存在空间不均衡，其影响呈现出阈值效应。数字经济对创新的促进效应随着产业结构的优化或城市化水平的提高而增强。这项研究丰富了数字经济对创新的理论研究，为中国数字经济的发展和创新提供了支持和参考。傅华楠和李晓春（2023）的研究基于中国 30 个省份的数据，研究了数字经济对中国农业现代化的影响。研究结果显示，数字经济显著促进了中国农业现代化。这种影响呈递增型非线性特征，受数字经济发展水平、农村人力资本水平和农村非农就业门槛的影响。马丽君和敖烨（2023）的研究聚焦于数字经济对中国旅游业高质量发展的影响。研究结果表明，数字经济对旅游业高质量发展具有直接影响，存在非线性的倒"U"型关系。进一步分析揭示，数字经济对邻近地区的旅游业高质量发展具有空间溢出效应，同样存在非线性的"U"型关系。

　　第二类文献聚焦于绿色经济发展。Zheng 和 Wong（2024）研究发现，数字经济与中国的可再生能源发展存在积极关联。通过对中国 31 个省份的面板数据进行分析，他们发现数字经济对水能源的影响显著，而对风能和太阳能的影响相对较小。地方政府的干预可以增强数字经济与水能源的正向关系，同时减弱数字经济对风能和太阳能的正面影响。Liu 等

（2023）的研究集中于中国传统制造业的绿色发展，发现数字经济通过数字创新、产业升级和人力资本的方式积极影响传统制造业的绿色发展。这项研究强调了数字经济如何推动传统制造业的绿色转型，尤其是在中国东部地区。谢非和周美玲（2023）的研究关注绿色金融对数字经济绿色发展的影响。他们发现绿色金融在实现数字经济绿色发展方面发挥了重要作用，尤其在产业数字化绿色发展方面。研究还指出，不同地区存在绿色金融的促进效应异质性，中西部地区高于东部地区。产业结构的合理化与绿色金融之间存在双重门槛效应，这意味着随着产业结构合理化水平的提高，绿色金融对数字经济绿色发展的推动呈现出倒"U"型关系。何维达等（2022）的研究着眼于数字经济对中国绿色生态效率的影响。他们的研究发现，数字经济发展对提高绿色生态效率起到了积极作用。经济发展水平、产业结构优化和科技水平都在绿色生态效率提升中起到关键作用。范翔宇等（2023）的研究关注数字经济发展对城市土地绿色利用效率的影响，并考察了基础设施建设的调节效应。研究结果表明，数字经济的发展显著促进了城市土地绿色利用效率的提升，特别是在中部地区和第二批试点城市中。然而，当前的基础设施建设对数字经济发展和城市土地绿色利用效率的调节效应呈负向影响，尤其是信息基础设施建设对这一关系的影响最为显著。姜汝川和景辛辛（2023）的研究分析了数字经济发展对碳排放的影响效应及机制。研究结果显示，京津冀地区数字经济发展显著促进了城市碳排放量的降低，尤其通过促进融资贷款、产业集聚和外商直接投资三种机制产生了显著的积极影响。然而，在非环京地区，数字经济发展对城市碳排放的影响不显著，而非经济强市的数字经济发展则增加了碳排放。

第三类文献聚焦于产业发展。纪园园和朱平芳（2022）分析了数字经济对中国产业结构升级的影响。研究结果表明，数字经济发展对产业结构升级具有显著的正向促进作用，尤其是东部地区受益更多。数字经济通过双重赋能生产端和需求端，提高了生产效率，改变了传统的消费模式，从而推动了产业结构升级。赵巍和徐筱雯（2023）的研究关注了数字经济对中国农业经济韧性的影响。结果显示，数字经济对农业经济韧性的提升具有显著的促进作用。机制分析揭示，产业结构的优化是数字经济促进农业经济韧性提升的重要途径。数字经济对农业经济韧性的影响在不同地区存在异质性，在东部地区和低城镇化率省份中，数字经济对农业经济韧性的促进效应更为显著。Li 等（2023）的研究旨在分析数字经济对产业重组的影响，并探讨相关因素的中介作用。通过对数字经济发展对产业重组的影响机制进行分析，他们构建了数字经济的改进测量指标系统，包括数字基础设施、数字产业化和产业数字化。采用中国 2013～2020 年的省级面板数据，研究发现，数字经济的增长对产业重组产生了积极影响，通过影响人力资本、技术创新和金融发展等中介因素，间接促进了产业重组。

第四类文献聚焦于在共同富裕方面的作用。陈梦根和周元任（2023）的研究构建了企业和家庭的一般均衡模型，研究数字经济对共同富裕的影响及其机制。他们发现数字经济通过机会分享和发展成果分享的方式促进了共同富裕，提高了居民收入，并减小了收支不平等。特别是在低收入（支出）群体中，数字经济的影响更为显著。这项研究强调了数字经济在促进共同富裕方面的潜力，但也指出了数字鸿沟对某些群体的影响。刘伟丽和陈腾鹏（2023）的研究基于 31 个中国省级面板数据，分析了数字经济对共同富裕的影响效应和作用机制。他们发现数字经济对共同富裕产生了积极的促进作用，尤其在区域协调发展和"宽带中国"战略的支持下，基础设施建设的推进和金融发展水平的提高对数字经济促进共同富裕具有正向调节作用。王春超和聂雅丰（2023）总结了数字经济对多个就业方面的影响，包括就业总量、就业结构和就业质量。他们发现数字经济影响就业总量涉及替代效应、补偿效应和创造效应，同时也导致了技能结构的变化和就业领域的性别差距等方面的影响。

此外，一些文献聚焦于数字经济发展与区域经济发展之间的关系。钟文和郑明贵（2021）的研究从产业结构升级的角度分析了数字经济对区域协调发展的影响。他们发现数字经济显著促进了区域协调发展，但不同地区存在明显的差异和空间溢出效应。产业结构升级被确定为数字经济影响区域协调发展的关键机制，尤其是东部地区更为受益。李晓钟等（2022）的研究分析了数字经济发展对区域经济韧性的影响。研究结果显示，数字经济对区域经济韧性的提升有着直接和异质性的效应，同时数字经济也通过提高人力资本水平和创新能力来产生中介效应。此外，数字经济的影响效应是非线性的，对于跨越门槛值的地区，数字经济发展对区域经济韧性的提升更为显著。舒季君等（2022）的研究关注了数字经济对城乡融合的影响。研究发现，数字经济的发展水平在中国不断提高，同时数字经济也对城乡融合水平的提升产生了积极作用。数字产业化、产业数字化和数字创新在数字经济对城乡融合的影响中起到主导作用。张亚丽和项本武（2023）的研究基于城市经济韧性的科学测度，分析了数字经济对中国市域经济韧性的影响效应。研究发现，数字经济发展显著促进了中国市域经济韧性的提升，这一效应通过激发创业活跃度和创新活跃度两大机制实现。数字经济还在不同地区产生了正向的空间溢出效应，尤其是东部城市和中心城市的数字经济发展对市域经济韧性的影响更为显著。

2.4　碳排放强度的影响因素

技术进步是对碳排放最关键的影响因素。杨莉莎等（2019）使用综合分解分析框架，探讨了中国各地区和各产业的二氧化碳排放变化的驱动因素。研究结果表明，2005～2015年，技术进步在碳减排过程中发挥了关键作用，而其他因素如能源结构、效率提升和产业结构对碳减排的影响不明显。此外，资本和劳动力对能源的替代也能够在一定程度上实现二氧化碳的减排。Huang等（2018）探讨了技术因素，包括国内研发投资、外国直接投资和贸易对中国碳排放强度的影响。研究结果表明，国内研发和技术溢出对降低中国的碳排放强度起到了显著作用。同时，来自国外直接投

资和出口的技术溢出也有助于减少中国的碳排放强度。Cheng 等
（2018）使用动态空间面板模型分析了中国各省份的产业结构和技术进步
对碳排放强度的影响。结果显示，中国各省份的碳排放强度存在显著的空
间自相关和空间异质性。虽然产业结构的升级和优化有助于减少碳排放强
度，但在中国，技术进步发挥了最重要的作用。孙建卫等（2010）核算
了中国 1995~2005 年的碳排放总量，并运用因素分解方法分析了碳排放
量和碳排放强度的变化。研究表明，经济增长是碳排放总量增加的主要动
力，而技术进步是碳排放强度降低的主要因素。何小钢和张耀辉
（2012a）在考虑能源和排放因素的基础上，研究了中国 36 个工业行业基
于绿色增长的技术进步，以及工业节能减排的转型特征。研究结果显示，
不同行业的工业能耗和排放存在显著差异，高能耗和高排放强度行业具有
巨大的减排潜力。技术进步对节能减排具有显著正向影响，其中科技进步
的贡献最大，纯技术效率和规模效率次之。这些结果强调了政策的必要
性，以促进绿色技术的投资和产业结构的转型。

多数研究指出产业结构对碳排放的影响显著。虞义华等（2011）通
过广义最小二乘法（FGLS）模型分析了中国 29 个省份的二氧化碳排放强
度与经济发展水平及产业结构之间的关系，发现存在"N"型关系，同时
第二产业比重与碳排放强度正相关。李健和周慧（2012）着重讨论了产
业结构与碳排放强度之间的关联性，强调了正确判断和把握产业因素对碳
排放的影响，以及制定控制碳排放的产业发展政策的必要性。通过采用灰
色关联分析方法，研究了我国产业结构与碳排放强度之间的关联性。结果
表明，第二产业是影响地区碳排放强度的主要因素，但需要重视第三产业
对排放强度的影响。赵欣和龙如银（2010）着重研究了江苏省的碳排放
情况，分析了 1997~2007 年的碳排放总量、碳排放强度和人均碳排放变
化。通过 LMDI 分解法，确定了经济规模效应、技术进步效应和能耗结构
效应对碳排放增量的影响。蒋金荷（2011）提出了不同层次的碳排放量
测算方法，分析了中国 1995~2007 年碳排放变化的影响因素，研究指出
经济发展是碳排放增加的主要因素，需要审视产业政策和能源措施。陈诗

一（2011）对中国工业部门的二氧化碳排放强度变化进行了分解，发现能源强度的降低和能源生产率提高是碳排放强度下降的主要原因，同时对产业结构和工业结构调整也有帮助。何小钢和张耀辉（2012b）通过使用改进的 STIRPAT 模型，研究了中国工业碳排放的影响因素，以及中国工业二氧化碳库兹涅茨曲线（CKC）的类型和成因。研究发现，中国工业CKC 呈现"N"型走势，与传统的倒"U"型不同。投资规模与排放显著正相关，而研发强度并不是影响排放的主要因素。

能源结构也是影响碳排放的重要因素。张伟等（2016）使用 Kaya 恒等式对产业体系的碳排放量进行因素分解，研究了生产技术、资本和劳动力等生产要素升级对产业体系低碳化发展的影响。研究发现，我国产业体系低碳化发展主要受能源结构变化的驱动。张友国（2010）基于投入产出结构分解方法，研究了经济发展方式变化对中国 GDP 碳排放强度的影响。结果显示，能源强度、需求直接能源消费率的下降以及能源结构的变化导致了碳排放强度的降低。宋德勇和卢忠宝（2009）利用 LMDI 方法分析了中国 1990~2005 年的二氧化碳排放，将影响因素分解为产出规模、能源结构、排放强度和能源强度。研究发现，不同经济增长方式是碳排放波动的关键因素，需转变增长方式来实现减排。林伯强和蒋竺均（2009）使用环境库兹涅茨模型和因素分解方法预测了中国二氧化碳排放拐点，发现经济规模、能源强度、产业结构和技术进步等因素对人均二氧化碳排放具有显著影响。

在国内层面。刘慧和朱启荣（2023）的研究采用非竞争型投入产出模型，探讨了中国出口国内增加值增长与碳排放之间的关系。研究发现，中国出口国内增加值增长在一定程度上与碳排放实现了脱钩，尤其是碳排放强度不断下降是促进这一脱钩的关键因素。冯博和王雪青（2015）通过建立基于 IPCC 方法的碳排放测算模型，分析了 2004~2011 年中国各省份建筑业的碳排放量。研究发现，虽然各省份建筑业碳排放总体上呈逐年上升趋势，但能源碳排放强度效应、能源结构效应以及能源强度效应对碳排放产生了一定的负向影响，而间接碳排放强度效应和产业规模效应则是碳排放增长的主要驱动力。冯博和王雪青（2015）着重研究了中国各省份的建筑业碳排放情况以及影响碳排放的因素。研究使用了 Tapio 脱钩模型和 LMDI 方法，结果显示，各省份的建筑业碳排放总量逐年上升，但存在差异。建筑业的能源消费强度和产业规模是主要的影响因素。建议采取措施降低碳排放，如使用绿色建筑材料、开发清洁能源等。彭水军等（2015）基于世界投入产出表序列，研究了中国生产侧和消费侧碳排放量的变化，并分析了影响这些变化的因素。研究发现，生产侧排放明显高于消费侧排放，中国的生产碳排放主要满足发达国家的最终需求。抑制碳排放增加的主要因素包括国内最终需求规模的增长和生产部门碳排放强度的下降。黄赜琳和蒋鹏程（2023）的研究通过构建理论模型和利用中国城市面板数据，研究了工业机器人对城市工业碳排放的影响。研究发现，工业机器人能够有效降低城市工业碳排放，推动城市经济向低碳方向发展，尤其在东部地区和数字化水平较高城市的影响更为显著。绿色技术创新和人机匹配度被确定为影响机器人减排效应的关键机制。杨骞和刘华军（2012）对中国碳排放的区域差异进行了结构分解，以碳排放强度和人均碳排放作为指标。研究发现，中国的碳排放存在明显的区域差异，碳排放强度的区域差异大于人均碳排放。能源强度、能源结构、人均 GDP 和产业结构等因素都是影响碳排放水平差异的重要因素。邵帅等（2019）考察了经济集聚对中国节能和减排的影响机制。结果显示，经济集聚对碳排放强度和人均碳排放存在倒"N"型曲线关系，而能源强度对碳排放强度和人均碳排放则呈现倒"U"型曲线关系。

在国际层面。Wang 等（2016）在国家和八个经济区域级别进行了实证研究，探讨了影响中国碳排放强度的关键因素。研究结果表明，经济活动水平与碳排放强度呈负相关，而第二产业的比例通常有助于降低碳排放强度。Andersson 和 Karpestam（2013）对八个发达国家和两个新兴经济体在 1973~2007 年能源强度、碳强度和规模效应的短期和长期影响因素进行了分析。研究发现，短期和长期结果存在差异，气候政策更可能在长期内影响排放，因此气候政策应该面向至少 8 年的时间跨度。资本积累是排放的主要驱动因素，生产率增长降低了能源强度，而实际石油价格则降低了能源强度和碳排放。这表明全球碳税是减少排放的重要政策工具，但结果也表明，碳税不足可能造成排放与经济增长脱钩，需要经济结构的转型。

此外，学者们还探究了其他因素对碳排放的影响。赵培雅等（2023）的研究关注了产业智能化对能源消费、碳排放和工业污染排放的影响。研究发现，产业智能化不仅减少了能源消费和工业污染排放总量，还降低了碳排放强度，有助于实现节能降碳减排。然而，研究指出，产业智能化在推动碳排放双控方面还存在潜力未被充分发挥，需要提升绿色技术创新水平和产业结构升级。Pan 等（2022）从时间、空间和产业的角度对中国碳排放强度进行了分解。结果表明碳排放强度呈现波动下降趋势，主要受到技术进步、产业结构和区域规模的影响。不同省份之间存在明显的差异，这主要是由于这些因素和贡献率不同。在产业层面，技术进步对第二产业的碳排放强度影响最大。Liu 等（2023）探讨了中国交通部门碳排放强度的区域差异和驱动因素。研究结果表明，碳排放强度在空间上呈下降趋势，东南地区较低，西北地区较高，东部地区的区域差异最大，中部地区最小，这是由于不同地理区域之间的差异。城市化、能源结构、人口规模和产业结构对交通部门碳排放强度的影响存在差异，其中能源强度是主要驱动因素。Tang 等（2020）利用随机森林算法识别了影响中国碳排放强度的关键因素。结果表明，这些因素包括能源和产业结构的优化、技术进步、绿色消费的推广和减排措施。研究强调了通过改善能源和产业结构、促进技术进步、提高绿色消费和减排来实现碳排放强度目标的重要性。

2.5 数字经济发展对碳排放强度的影响

数字经济是碳排放的直接和间接影响机制。Zhang 等（2022）讨论了数字经济对中国城市碳排放性能的影响。研究基于 2011~2019 年 277 个城市的数据，发现数字经济改善了碳排放性能，此结论经过一系列稳健性测试和内生性处理后依然成立。研究揭示了能源强度、能源消费规模和城市绿化作为数字经济影响碳排放性能的主要机制，并发现这些影响机制在不同区域间存在异质性。李治国和王杰（2022）探讨了经济集聚背景下数字经济发展对空间碳排放的影响。研究基于动态空间杜宾模型（SDM）发现，数字经济发展在经济集聚背景下具有非线性的空间减排效应，显示出"先促增后抑制"的本地碳减排效应和"先抑制后促增"的空间溢出减排效应。此外，研究强调了经济集聚在增强数字经济发展对空间碳排放影响中的"放大器"作用。秦炳涛等（2023）研究了智慧城市试点政策作为数字经济发展代理变量对碳排放的影响。他们使用 2006~2019 年中国 281 个地级城市面板数据，发现智慧城市建设显著降低了碳排放水平，降低幅度平均为 2.8%。机制研究显示，智慧城市建设通过数字赋能实现了能源升级效应、生活转型效应和资源配置效率，促进了城市的低碳转型。王芳和董战峰（2023）使用省级面板数据，建立计量模型，实证检验了数字经济对碳排放的影响。研究结果表明，数字经济显著降低了碳排放，主要通过降低能耗强度来实现。研究建议推动能源的数字化转型、加快清洁能源替代，全面提升数字经济的低碳化水平，以实现"双碳"目标。向宇等（2023）探究了数字经济对城市碳排放的影响及其作用机理。研究发现，数字经济发展显著降低了各地的碳排放强度，尤其在非资源型城市、东部地区和低排放城市。此外，数字经济的碳减排效应还受到城镇化水平的影响，呈现出门槛效应。Dong 等（2022）利用全球 60 个国家的国家级面板数据，研究了数字经济发展对碳排放的影响。他们发现数字经济的发展显著降低了碳排放强度，但同时促进了人均碳排放的增加。数字经济与碳排放之间的关系受到经济增长、金融发展和产业结构升级等中介因素的影响。

数字经济还通过其他机制影响碳排放。张思思等（2022）基于 2011~2019 年的城市面板数据，研究了数字要素赋能下有偏技术进步的节能减排效应。研究发现，有偏技术进步通过能源消费结构的改变促进了经济规模效应，对节能产生正向影响，但对减排产生负向影响。Li 等（2021）、邓荣荣和张翱祥（2021）的研究均强调了数字经济在改善能源结构和提高碳排放绩效方面的重要作用，尤其是在非资源型城市和东部地区效果更为显著。谢云飞（2022）通过分析 2011～2018 年的省际面板数据，发现数字经济发展显著降低了区域碳排放强度，尤其在中西部地区及碳排放强度较高的地区效果更为明显。研究指出，数字经济通过改善能源结构和促进有偏技术进步，降低了碳排放强度。徐维祥等（2022）基于286 个城市的面板数据，运用空间杜宾模型和空间 DID 模型探讨了数字经济发展对城市碳排放的空间效应。研究发现，数字经济发展显著改善了城市碳排放，特别是在东部地区和城市群内部的区域效应更为显著，显示出数字经济发展对碳排放的负向影响作用。杨丹辉和胡雨朦（2022）通过分析 2002～2018 年的中国工业投入产出数据，发现投入数字化显著促进了工业碳排放强度的减排，其中数字化服务投入对降低工业碳排放强度的作用更为突出，且表现出明显的行业异质性。易子榆等（2022）利用OECD 国际投入产出表数据，研究了数字产业技术发展对碳排放强度的影响。结果表明，虽然数字产业技术发展本身会增加碳排放强度，但其通过赋能上下游产业技术革新，最终有效推动低碳转型发展。冯兰刚等（2023）利用 2011～2019 年的城市面板数据，分析了中国数字经济对碳排放强度的时空演化。研究发现，中国数字经济在研究期间快速发展，特别是在京津冀、成渝、长三角和珠三角地区。数字经济发展对碳排放强度有明显的抑制效应，其中创新能力和能源强度是重要的控碳机制。

多数文献指出，数字经济对碳排放强度的非线性特征。Bai 等（2023）从技术采用的生命周期理论出发，研究了数字经济对中国 271 个地级市 2011～2019 年碳排放强度的非线性和空间效应。结果表明，数字经济对碳排放强度的直接影响呈倒"U"型非线性关系，同时具有非线性的空间溢出效应。数字经济对不同工业结构类型的碳排放影响存在差异，建议促进数字技术采用、区域合作和定制政策。Cheng 和 Qu（2023）研

究了城市数字经济对中国碳排放强度的影响，发现它们之间存在显著的倒
"U"型关系。数字经济不仅直接影响碳排放强度，还通过优化产业结构
和促进科技创新间接影响。张争妍和李豫新（2022）从碳排放总量和碳
排放强度两个维度研究了数字经济发展对区域碳排放的影响。研究发现数
字经济发展有效降低了碳排放强度，与碳排放强度之间存在倒"U"型关
系，显示出区域性特征。张元庆等（2023）研究了数字产业协同创新对
碳排放强度的影响。他们的研究结果表明，数字协同创新对碳排放强度具
有负面影响，且呈倒"U"型曲线关系。数字协同创新通过促进相关企业
的数字化转型、数字依赖行业的发展以及相关产业创新来降低碳排放强
度。肖静和曾萍（2023）基于中国 30 个省份的面板数据，研究发现数字
经济的发展可以显著降低地区的碳排放强度，尤其通过绿色技术创新和产
业结构升级等中介机制。此外，数字经济还能够促进相邻地区的低碳转
型，表现出明显的空间溢出效应。

一些研究指出，数字经济对碳排放强度的影响具有门槛效应。范合君
等（2023）着重研究了数字经济对城市碳排放强度的影响。他们利用
2016~2020 年中国 223 个地级市的面板数据，发现数字经济的发展可以降
低城市的碳排放强度。这一效应通过提高能源环境效率、优化产业结构和
促进创新来实现。研究还揭示了数字经济对城市碳排放强度存在双重门
槛，只有当数字经济发展超过特定门槛值时，碳减排效应才显著，且效应
逐渐减小。Li 等（2023）使用中国城市级面板数据，进行了数字经济对
碳排放的动态影响估计。他们采用了空间 DURBIN 模型和面板门限模型，
将碳排放减少效应分解为直接效应和空间溢出效应，并从技术进步、能源
使用和产业结构的角度分析了作用机制。研究结果表明，数字经济与碳排
放呈倒"U"型关系，数字经济对碳排放的影响存在地区差异和创新能力
门槛。

在省级和城市方面。Yan 等（2023）利用面板数据研究了中国 6 个城
市群中 100 个城市在 2011~2019 年期间的数字经济对碳排放强度的影响。
研究结果显示，城市群内的数字经济发展可以显著降低碳排放强度。数字

经济通过促进绿色技术创新和信息通信技术行业来间接减少碳排放强度。研究还发现，市场化程度较高的城市群数字经济对减少碳排放强度的效应更为显著。Yu 等（2022）基于 278 个中国城市的面板数据探讨了数字经济对碳排放的影响。研究发现数字经济对碳排放具有显著的抑制作用，随着数字经济的发展，越来越多的城市实现了数字经济与碳排放的绝对脱钩，转向低碳发展。该研究指出，数字经济的发展水平对碳排放的影响呈现异质性，且绿色能源效率作为一个阈值变量，在其低值时数字经济促进碳排放，在高值时减少碳排放。Zhang 等（2022）利用中国 30 个省份的面板数据，研究了数字经济与能源效率、碳排放之间的关系。结果显示，数字经济的发展加剧了碳排放，且能源效率在数字经济与碳排放之间起到了部分中介作用。研究发现，数字经济对能源效率的提高不利，间接导致碳排放增加。能源效率的提升可以在一定程度上减少碳排放。

2.6 本章小结

本章的文献综述涵盖了中国数字经济发展与碳排放强度的关键研究领域，包括数字经济的定义与测度、碳排放的测量方法、数字经济发展的影响效应、碳排放强度的影响因素，以及数字经济发展对碳排放强度的具体影响。研究表明，数字经济通过促进技术创新、优化产业结构、提高能源效率等途径，对碳排放强度产生了显著影响。具体而言，数字经济的发展既有助于降低碳排放强度，通过改善能源结构、促进绿色技术创新和提高产业效率等机制，也揭示了数字经济与碳排放之间复杂的非线性关系和空间效应。

这些研究对中国乃至全球实现碳减排目标和可持续发展具有重要意义。一方面，它们为政策制定者提供了科学依据，指导数字经济和低碳发展策略的制定，特别是在促进绿色技术创新、优化能源结构和加强区域合作等方面。另一方面，这些研究强调了数字化转型在促进经济增长的同时实现碳排放降低的双重潜力，为中国乃至其他国家提供了实现"双碳"目标（碳达峰和碳中和）的路径和策略。然而，研究也指出数字经济发展与碳排放强度之间的关系并非单一线性的，而是受多种因素影响的，包括工业结构、地区差异、技术发展水平等，这要求政策设计时需要考虑地区特性、产业特点和技术成熟度等因素，实施差异化和定制化的策略。

综上所述，中国数字经济发展与碳排放强度的研究不仅为理解数字经济对环境影响提供了新的视角，也为实现绿色发展和生态文明建设提供了重要的理论和实践指导。这些研究强调了在数字经济快速发展的背景下，如何平衡经济增长与环境保护的关系，对促进全球可持续发展具有重要的借鉴意义。

第3章 数字经济降低碳排放强度的理论分析

中央财经委员会第九次会议强调，我国力争 2030 年前实现碳达峰，2060 年前实现碳中和，是党中央经过深思熟虑作出的重大战略决策，事关中华民族永续发展和构建人类命运共同体。因此，降低碳排放强度不仅是应对气候变化的迫切需求，更是促进经济转型和可持续发展的重要推动力，低碳经济已成为全球经济发展的趋势，降低碳排放强度可以推动经济向低碳、环保和高效的方向转型，激发创新和技术进步，推动清洁能源、节能环保产业的发展，创造就业机会，并提高经济的竞争力和可持续性。降低碳排放强度还有助于改善空气质量和公众健康，减少大气中的有害物质含量，改善空气质量，减少相关疾病的发生，提高居民的生活质量。另外，降低碳排放强度是国际合作和全球治理的重要组成部分，气候变化是全球性挑战，需要各国共同努力推动全球气候治理进程，加强全球合作和互信，共同构建人类命运共同体。

数字经济已经成为全球经济的重要"引擎"。数字经济不仅是一种经济形态，更是一种全新的思维方式和生产力模式。数字经济可以驱动创新，促进创新思维，通过技术的不断迭代和应用，推动产品和服务的持续改进与升级。数字经济可以优化资源配置，通过大数据、云计算等技术，高效配置资源，减少浪费，提高生产效率。数字经济拓展市场机会，数字技术打破地理和时间限制，为企业提供更广阔的市场和更多的商业机会。

从宏观角度来看，数字经济提升经济增长质量，推动经济结构优化和产业升级。数字经济还能促进就业，增强国际竞争力，为就业市场提供大量的新机会，拥有先进的数字技术和应用能力的国家在全球竞争中更具优势。数字经济还可以实现绿色可持续发展，数字技术有助于降低能耗、减少污染、提高资源利用效率，推动绿色经济发展。

因此，探究数字经济能否降低碳排放强度具有重要的现实意义和理论价值。通过深入探索数字经济与碳排放之间的关系和作用机制，可以为政策制定、企业决策和社会行动提供科学依据和指导，推动实现经济、环境和社会的可持续发展。

3.1　数字经济通过促进市场中介发展降低碳排放强度

市场中介的发展是现代经济体系中一个关键且复杂的概念。它是指在买家和卖家之间提供中间服务的个体或机构，这些服务包括但不限于促进交易、提供信息、降低交易成本和增加市场效率。市场中介的核心作用在于减少市场中的信息不对称，即帮助买卖双方更有效地获取和处理交易所需信息。通过这种方式，中介机构加速了交易过程，提高了整个市场的运行效率。此外，市场中介还通过专业化操作降低了交易过程中的搜索成本、谈判成本和合同执行成本，这在金融市场中尤为明显，银行和其他金融机构作为中介简化了资金借贷过程。同时，市场中介还显著增加了市场流动性，比如证券公司在股票市场中的作用，它能确保股票交易的顺畅进行。在风险管理方面，市场中介如保险公司和投资银行，帮助分散和管理个人及企业的风险。随着技术的进步，新型市场中介如在线平台和电子市场的兴起，为市场交易提供了更多的创新方式。

表 3-1 汇报了普遍的市场中介基本信息。可见，市场中介的发展至

关重要，确保它们在促进经济发展的同时，也能维持一个公平和透明的市场环境，这也是非常关键的问题。

表 3-1　市场中介的基本信息

名称	类型	主要作用	归属行业
银行	金融中介	提供存款、贷款、支付服务等	金融服务
证券公司	投资中介	买卖股票、债券，提供投资咨询	金融服务
保险公司	风险管理中介	提供各种保险服务，管理和分散风险	保险
房地产经纪人	物业中介	帮助买卖房地产，提供市场信息	房地产
旅行社	服务中介	提供旅游服务、行程规划和预订	旅游服务
拍卖行	销售中介	举办拍卖，协助买卖双方达成交易	零售与销售
广告代理公司	营销中介	为客户提供广告和市场营销服务	广告与市场营销
电子商务平台	网络中介	在线销售商品和服务，提供电商平台	互联网和电子商务
人才中介机构	就业中介	为个人提供就业机会，为企业招聘员工	人力资源
法律咨询服务	法律中介	提供法律咨询和代表服务	法律服务

数字经济通过减少信息不对称和提高市场中介经营效率，有助于降低碳排放强度。白丽飞（2023）认为，数字经济通过推动结构优化和提升效率有效地降低了碳强度，这揭示了数字经济在改进生产和消费模式上扮演的重要角色，尤其是利用智能技术和大数据分析来优化能源利用，并且政府政策与市场机制在加强数字经济的碳减排效应方面具有协同作用。费威等（2022）使用绿色索洛模型来分析数字经济发展水平对碳减排的影响，研究发现，随着数字经济的不断发展，碳排放量可能先增加后减少，呈现出倒"U"型的变化趋势，在数字经济初期，碳排放可能上升，但随着技术发展和广泛应用，将会导致碳排放的减少（金殿臣等，2023）。根据钟群英和曹坪（2023）研究发现，数字经济在推动区域低碳发展方面呈现出一种先负面后正面的"U"型关系，从长期来看，数字经济有助于环境的改进。Guo 等（2023）研究发现数字经济的发展对实现碳减排目标有利，数字经济通过鼓励绿色技术发展和推动产业结构现代化来减少碳排

放。Konopik 和 Blunck（2023）认为数字经济可以降低市场中介信息不对称性，数字技术可以减少信息摩擦，提高市场运作效率。具体地，数字技术通过数据化活动和信息化数据来形成数据与信息的良性循环（李三希等，2021）。刘淑春（2020）认为信用数字化有助于降低数字经济交易成本和行政监管运行成本，有助于解决市场中的"信用碎片化""市场柠檬化"等问题，进而促进市场中介发展，减少信息不对称（徐蕾和翟丽芳，2021）。

在企业层面，数字经济下企业数字化转型有利于减少市场信息不对称，进而减少碳排放。方明月等（2023）研究表明制造业企业的数字化转型显著降低了企业的经济政策不确定性感知，通过减少信息不对称和提高企业的信息处理能力，企业数字化转型有助于减少经济政策不确定性感知。郭吉涛和朱义欣（2021）研究发现数字经济通过提高企业全要素生产率增强了企业的还款能力，同时通过降低信息不对称程度增强了管理者的还款意愿。李宏寅（2023）研究发现企业数字化转型通过缓解信息不对称、改善企业基本面抑制股价崩盘风险，这种影响在非国有企业及外部数字环境发展水平较高的企业中更为显著。户华玉和佘群芝（2022）研究发现制造业数字化转型能降低出口隐含碳强度，尤其在经济体数字基础设施建设和制造业数字服务投入增加时效果更明显。Badi（2021）强调市场中介在促进价值共创和提升客户满意度方面的关键作用，能够推动ES-CO 市场发展和低碳转型。祁怀锦等（2020）认为企业数字化程度越高，公司治理水平越高，数字经济有助于减少信息不对称而改善管理效率，具体地，数字经济通过减少委托人（如股东）和代理人（如管理层）之间的信息不对称，提高了公司治理的透明度和有效性，这种减少信息不对称的作用使得管理层更难以通过真实盈余管理等手段来操纵财务报告，从而减少了短视行为（张嘉伟等，2022）。

数字经济可以减少信息不对称，促进市场中介发展，还可以促进长尾效应发挥，降低碳排放强度。在传统市场中，信息不对称通常导致资源的低效配置和环境负担的增加。在数字经济中，通过大数据分析、互联网平台和人工智能技术的应用，信息传递更为高效和透明。消费者可以轻易获取产品的环境影响信息，比如碳足迹，而企业也能通过更精确的数据来优化生产过程和供应链管理，从而减少资源浪费和碳排放。数字经济能够支持大量小众产品和服务的存在，与传统市场的少数主导产品模式形成对比，促进更多的小型和专业化企业能够进入市场，这些企业往往更注重可持续性和环保。例如，小规模生产可以根据实际需求进行，减少了过度生产和与之相关的碳排放。同时，长尾市场也促进了资源的多样化使用和循环利用，进一步降低了对环境的影响。同时，数字技术的应用可以满足消费者的个性化需求，进而提高消费者的满意度和忠诚度，数字平台的建设和运营可以吸引更多的长尾用户和企业加入扩大市场规模，数字技术的普及和应用可以促进创新和技术的进步推动更加多样化、个性化的数字产品和服务的发展。数字经济发挥长尾效应扩大市场服务规模，降低碳排放强度。

3.2 数字经济通过提升资源配置效率降低碳排放强度

资源配置效率论述了如何将有限的资源（如资金、劳动力、技术和原材料）分配到不同的使用途径中，以实现最大化的经济效益。这个概念的出发点是资源的稀缺性，在现实世界中，所有资源都是有限的，因此决定如何有效利用这些资源成为优化经济活动的关键。有效的资源配置意味着在不同的可能用途之间进行选择，以便每一单位资源的使用都能带来最大的边际收益，同时最小化边际成本。例如，企业在决策中需要考虑将有限的资金投入到技术创新、市场扩展或员工培训中的哪个领域，以确保每一笔投入都能产生最佳的回报。市场机制在资源配置中发挥着核心作用，特别是通过价格机制。价格反映了商品和服务的稀缺程度以及市场需求，因此，资源倾向于流向价格高、需求增长的领域。然而，资源配置效率并不总是完美无缺，市场失灵（如外部性、信息不对称）可能扭曲资源配置，导致效率低下或不公平的情况。在这种情况下，政府干预可能是必要的，以纠正市场失灵并促进更有效和公平的资源分配。总体而言，资源配置效率涉及一系列动态且复杂的考量，包括市场力量、价格机制、政策决策和社会经济目标，共同影响着资源的最终分配和使用效率。

表格 3-2 展现了市场失灵与政府失灵的主要特点、表现、影响以及解决方法，市场失灵是市场这只"无形的手"无法正常发挥作用，政府失灵是政府这只"有形的手"对经济的干预效率低下或者资源浪费。所以，应发挥有效市场与有为政府的双重作用，实现资源的有效配置，促进经济绿色发展。

表 3-2　市场失灵与政府失灵

要素	市场失灵	政府失灵
特点	市场机制无法有效分配资源或优化生产和消费的问题	政府干预经济活动时，由于各种原因导致效率低下或资源浪费的现象
表现	外部性（正面或负面），公共物品供给不足，垄断或寡头垄断，信息不对称，劳动市场失衡	官僚主义和效率低下，腐败和利益输送，政策制定和执行上的错误，过度规制或不足的规制
影响	资源配置效率降低，社会福利损失，环境问题，消费者和生产者受损	经济增长放缓，公共资源浪费，社会不公正和不平等，市场信心减弱
解决方法	引入或强化政府干预（如征税、补贴、规制），增强市场透明度，促进竞争和反垄断政策，提供公共物品	增加政府透明度和问责制，改革政府机构和流程，减少不必要的干预，通过法律和监管机构打击腐败和利益输送

数字经济通过提升资源配置效率，发挥规模经济效应，降低碳排放强度。数字技术的应用使得经济生产规模迅速扩大，并且具有规模报酬递减效应，可以降低生产成本和服务成本，使企业能够以更低的成本提供更多的产品和服务，进而继续扩大生产规模，市场规模得以持续扩大，增加经济效益。数字经济具有规模报酬递减效应，产生成本降低效应。数字经济下数字技术的应用可以降低生产成本和服务成本，提高企业竞争力。数字

平台的建设和运营可以降低交易成本和物流成本，提高企业运营的效率。数字技术的普及和应用可以降低信息获取成本和传播成本，提高整个社会的信息化水平。成本降低可以减少企业的运营成本从而提高企业的盈利能力使其有更多的资源投入到低碳技术和产品的研发和应用中，可以促进企业采用更加环保的生产方式和服务方式推动低碳经济的发展，可以降低整个社会的运行成本并提高资源利用效率从而降低碳排放强度。

数字经济提升资源利用效率，降低碳排放强度。数字经济通过提高能源利用效率显著降低碳排放水平（常皓亮和夏飞龙，2023；陈福中和蒋国海，2023；范合君等，2023）。此外，他们指出，在经济基础较好和环境规制更严格的地区，数字经济对低碳发展的积极作用更加显著。类似地，陈波等（2023）认为新型基础设施建设（如5G和云计算），不仅促进了数字经济的发展，还通过优化产业结构显著降低了城市的碳排放强度。数字经济具有"降碳效应"（金殿臣等，2023），数字经济下数字平台的迅速崛起，为企业提供诸多便捷低碳服务，数字平台的建设和运营可以形成规模效应，吸引更多的用户和企业加入，形成良性循环，发挥持续的规模经济效应。数字经济下数字技术研发与创新快，促进数字技术的普及和应用，促进产业链的整合和优化，形成更加高效的产业生态系统，降低产业生态系统的资源消耗，减少碳排放（王彬，2023）。在农业领域，陈中伟和汤灿（2023）研究发现区域数字经济发展对农业碳排放强度有显著抑制作用，并且通过提升农业社会化服务水平来间接影响这一抑制作用。数字经济可以降低单位产品的生产成本和服务成本，提升资源利用率，从而减少能源消耗和碳排放。数字技术推动能源效率提升，降低碳排放强度（白丽飞，2023；郭爱君和张传兵，2023；江元和徐林，2023）。随着数字经济法快速发展，数字技术得以不断进步，数字设备的能效得以提高，从而降低了与数字技术相关的能源消耗和碳排放。例如，5G、云计算等技术的运用可以降低网络能耗，提升设备使用效率，减少能源浪费。此外，数字技术的运用还可以优化设备的运行和维护，延长设备的使用寿命，从而减少设备废弃所带来的碳排放。数字技术的发展使得新型低碳产业替代传统高碳产业。数字经济使得传统碳排放高的产业替换为云服务、远程办公等低碳产业，实现碳减排。云服务、远程办公等技术的广泛应用正在改变人们的生活和工作方式，减少了对传统交通、办公空间等的依赖，从而进一步减少相关产业的碳足迹。云计算、视频会议等技术的普及使得远程办公成为可能，越来越多的人选择在家或其他远程地点工作，从而减少了通勤带来的交通排放，远程办公还可以减少办公空间的占用和浪费，降低相关产业的能耗和排放。在线教育平台的兴起使得人们可以在家或其他远程地点接受教育，从而减少了校园建设和运营的碳排放。在线教育还可以通过优化课程资源和教学方式，提高教育质量和学习效率，进一步降低教育的能耗和排放。电子商务的快速发展使得人们可以在线购物和交易，从而减少了实体零售业的能耗和排放。通过优化物流配送、推广绿色包装等措施，电子商务还可以进一步降低其碳足迹。以上低碳行为可以有效提高碳排放效率（张跃，2023），增强能源强度，最终降低碳排放强度（杜欣，2023；胡留所等，2023；Mei 等，2023）。

数字经济促进产业聚集效率，降低碳排放强度。数字经济的规模经济效应可以促进产业链的整合和优化，形成更加高效的产业生态系统，从而降低整个产业的碳排放强度（郭爱君和张传兵，2023）。数字经济的规模经济效应可以促进数字技术的普及和应用，推动低碳数字技术和产品的发展和应用，促进经济绿色转型发展，降低整体碳排放强度。数字经济下数字技术的应用可以吸引更多的企业和用户聚集在一起形成数字产业集群，数字平台的建设和运营可以促进产业链上下游企业的合作和协同形成更加高效的产业生态系统，数字技术的普及和应用可以促进创新和技术的进步推动数字产业集群的升级和发展，形成巨大经济规模（黎毅和蒋青松，2023）。数字经济直接减少碳排放（Mei 等，2023），并通过促进本地工业的转型升级来实现这一目标（Bai 等，2023；Hao 等，2022）。产业集聚可以促进企业之间的合作和协同从而形成更加高效的产业生态系统，降低整个产业的碳排放强度，促进数字技术的普及和应用，推动低碳数字技术和产品的发展和应用，形成规模效应吸引更多的企业和用户加入，从而促进数字经济的快速发展，降低整个社会的碳排放强度。数字经济通过改善能源结构（谢云飞，2022）和创新效率（缪陆军等，2022）促进碳减排，主要通过能源消耗和资源利用两个途径影响碳减排，通过优化产业结构影响碳排放强度，即数字经济通过促进产业结构高级化和产业结构合理化两种方式降低了碳排放强度（郭爱君和张传兵，2023）。

数字经济促使数字产业规模扩大与资源优化配置，降低碳排放强度。随着数字产业的不断扩大，有助于产业资源优化，进一步优化资源配置，降低单位产出的能耗和碳排放。数字经济下资源共享推进，云计算、大数据等技术使得企业和个人可以共享计算、存储等资源，避免重复建设和浪费，通过提高资源的利用率和共享程度，可以降低单位产出的能耗和排放（李海海和黄岩朔，2023）。数字产业化促进数字产业发展，促进不同行业、不同领域之间的协同创新，通过跨界合作和资源共享，推动技术创新和产业升级，进一步提高数字经济的能效和减排能力。环境规制的提高有助于增强数字经济对碳减排的效果（侯建和白婉婷，2023）。数字经济推动绿色发展理念，随着数字经济的不断发展，越来越多的企业和个人开始关注并实践绿色发展理念，通过推广绿色产品和服务、倡导低碳生活方式等措施，在全社会范围内形成绿色发展的良好氛围，进一步推动数字经济的低碳发展。数字经济使得信息传递的速度和准确性提升，减少信息不对称所导致的资源浪费，数字技术的应用使企业能够更加精准地满足消费者需求，提高生产和服务的效率，数字技术应用还可以降低交易成本和物流成本，提高企业运营的效率。经济效率提升可以减少资源浪费和能源消耗，从而减少碳排放，可以促进企业采用更加环保的生产方式和服务方式，推动低碳经济的发展，促进绿色转型（李元杰和李娜，2023），还可以促进创新和技术的进步，推动更加低碳、环保的数字技术和产品的应用和发展。

数字经济促进数字产业化，提升资源配置效率，降低碳排放强度。随着数字经济的蓬勃发展，数字产业化正在成为全球经济增长的重要驱动力。在这个过程中，数字技术的广泛应用和创新不仅推动了经济社会的进步，还在一定程度上降低了碳排放强度，为应对气候变化和生态环境问题提供了有效的解决方案。随着数字技术的不断进步，设备的能效得到提高，从而直接降低了与数字技术相关的能源消耗和碳排放。数字产业化促进芯片与硬件优化，随着半导体工艺的不断进步，处理器、内存等核心硬件的能效得到显著提升。例如，新一代的 5G 通信基带芯片采用了先进的制程工艺和设计理念，使其在提供更高性能和更稳定网络连接的同时，降低了能耗。数字产业化促进 FDI 投资（Haq 等，2022），推动网络架构升级，传统的通信网络架构在向云计算、边缘计算等新型网络架构转变的过程中，不仅提高了网络服务的可靠性和效率，还在一定程度上降低了网络能耗。例如，通过采用软件定义网络（SDN）和网络功能虚拟化（NFV）等技术，可以使网络设备能更加灵活地调配资源，实现负载均衡和节能运行。数字产业化优化智能化管理，人工智能、机器学习等技术的运用使得设备的运行和维护更加智能化。通过对设备进行实时监控和预测性维护，可以及时发现并解决潜在问题，避免不必要的能耗和排放。此外，智能化的能源管理系统可以根据设备的使用情况和能耗数据，自动调整设备的运行状态和参数，实现节能运行。

数字经济通过优化资源配置效率，降低城市碳排放强度。方颖和余兴锦（2023）研究发现数字化投入在提高行业生产率的同时促进了减污降碳。数字经济发展能够显著提升城市的碳排放效率（Yu 等，2022），尤其在趋于分散或多中心的城市空间结构中更为显著（董昕和张朝辉，2023）。数字经济促进智慧城市政策实施，推动碳排放减少（金殿臣等，2023；Jiang 等，2023）。数字经济与碳排放减少之间的耦合和协调呈现整体增长趋势（Li 等，2023），以煤炭为主的能源结构对碳排放有显著的推动作用，数字经济的发展对此具有显著的调节效应（Li 等，2021），绿色建筑发展与建筑行业发展碳排放减少有利于资源效率优化，数字经济有助于碳排放强度降低（Liao 和 Li，2022）。数字经济对城市碳排放的影响呈现"U"型特征，在初期可能增加碳排放，但会随着数字经济的深入发展而降低（葛立宇等，2022；甘天琦，2023）。数字经济发展有利于减少碳排放（Mei 等，2023），数字经济与制造业结构升级在碳排放减少上具有协同效应，数字经济的发展可以降低碳排放，并且与不同类型的制造业结合产生不同的碳减排效果。工业数字化与污染和碳排放控制之间具有协同关系，工业数字化对污染和碳排放控制的协同有积极贡献。

3.3 数字经济通过促进研发创新降低碳排放强度

研发创新是指通过研究与开发活动创造新的知识、产品、服务，或对现有的进行改进的过程。这种创新是驱动经济增长和竞争力提升的关键动力，涵盖了从基础研究、应用研究到产品开发的全过程。核心在于创新本身：包括提出新概念、开发新技术、探索新方法以及将这些新知识应用到实践中。研发创新不仅体现在技术层面，也包括商业模式、管理方法和工作流程的创新。例如，科技公司可能开发新的软件算法以提高产品性能，制药公司可能研发新药来治疗先前无法医治的疾病。研发创新对于经济效益至关重要，它能够推动新产品和服务的产生，提高生产效率，创造就业机会，并促进产业的升级和结构调整。同时，研发创新是实现国家和地区在全球市场竞争优势的关键。然而，这一过程也伴随挑战，包括高昂的研发成本、技术实现的不确定性以及知识产权的保护问题。因此，政府和私营部门的支持，如资金、政策激励和知识产权保护，对于促进和维持研发创新非常关键。

表 3-3 与图 3-1 汇报了 2018~2022 年我国科技活动基本情况，可以看出，我国研发创新活动在不断活跃，创新投入与创新产出均在不断增加，R&D 经费支出占 GDP 的比值从 2018 年的 2.14 上升至 2022 年的 2.54，技术市场成交额从 2018 年的 17697 亿元增加至 2022 年的 47791 亿元，实现了超过两倍的增长，为我国研发创新活动提供了良好的竞争环境。

表 3-3 2018~2022 年我国科技活动基本情况

指标 \ 年份	2018	2019	2020	2021	2022
R&D 人员全时当量（万人年）	438.1	480.1	523.5	571.6	635.4
R&D 经费支出（亿元）	19677.9	22143.6	24393.1	27956.3	30782.9
R&D 经费支出/GDP（%）	2.14	2.24	2.41	2.43	2.54
专利申请数（件）	4323112	4380468	5194154	5243592	5364639
技术市场成交额（亿元）	17697	22398	28252	37294	47791

资料来源：国家统计局。

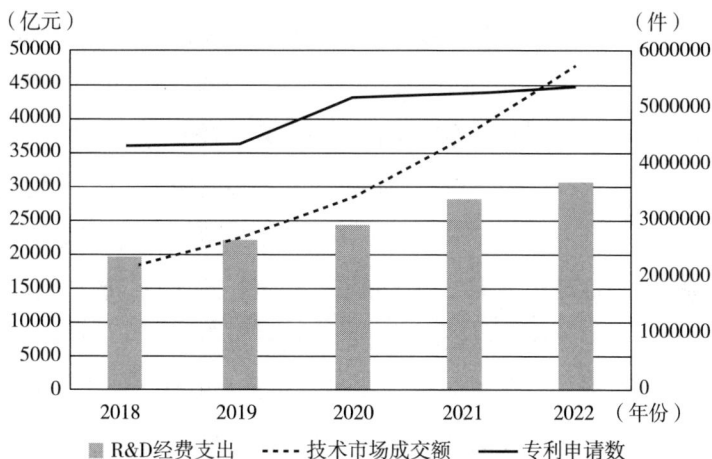

图 3-1 2018~2022 年我国科技活动基本情况

数字经济作为国民经济发展的重要驱动力，不仅重塑了传统产业结构，也为低碳技术的研发和创新提供了强大的动力。数字经济通过整合先进的信息技术，如大数据、人工智能和云计算，极大地加速了新能源技术的研发过程，这对降低碳排放强度起到了至关重要的作用。

数字经济通过提供大量的数据资源和高效的数据处理能力，使企业能够更加精准地识别节能减排的关键领域和潜在机遇。例如，通过大数据分析，企业可以更有效地优化生产流程、减少能源浪费并提高能源使用效率。数字经济促进了跨行业合作，加速了绿色技术的研发和推广。不同行业间的信息共享和技术融合为创新提供了更广阔的平台，从而加快了低碳技术的应用和普及。数字经济有助于缓解生产要素配置的扭曲问题，进而推动城市的碳减排进程，这一效应尤其在矫正资本要素的扭曲方面表现得更为显著（甘天琦，2023）。孔令英等（2022）的研究表明，数字经济显著抑制城市碳排放，其中提升城市生产效率和技术创新水平是其两条基本路径。黎新伍等（2022）则探讨了数字经济、制造业集聚与碳生产率之间的关系，发现数字经济对碳生产率的提升具有显著的正向作用。

数字经济下产业数字化快速发展，传统产业通过应用数字技术，实现生产、管理、营销等各个环节的数字化转型，加强研发创新，提升利用率，进而降低碳排放强度。在这个过程中，数字技术的广泛应用和创新为传统产业带来了巨大的经济效益和环境效益，显著降低了碳排放强度。数字经济下实现精准营销与需求预测，通过大数据分析、人工智能等技术，企业可以更加精准地预测市场需求和消费者偏好，从而调整产品设计和生产计划。精准营销不仅可以提高企业的市场竞争力，还可以减少因产能过剩和库存积压造成的浪费和排放。数字经济下优化智能制造与能源管理，智能制造是数字技术与传统制造业深度融合的产物。通过引入物联网、云计算等技术（薛飞等，2022），企业可以实现对生产设备的实时监控和数据分析，优化生产流程和能源管理。这种智能制造模式不仅可以提高生产效率和产品质量，还可以降低生产过程中的能耗和排放。数字经济促进供应链优化与减排协同，数字技术可以实现供应链的数字化和智能化管理，提高供应链的透明度和协同效率。通过实时追踪和分析供应链数据，企业可以及时发现并解决供应链中的瓶颈和问题，优化资源配置和物流计划。这种供应链优化不仅可以降低企业的运营成本，还可以在整体上减少供应链的碳排放。

数字经济促进地区研发创新强度与能力，降低碳排放强度。陈福中和蒋国海（2023）指出，数字经济的发展通过提高研发强度、改善能源效率和优化产业结构，显著促进碳减排。类似地，陈昕等（2023）发现，数字经济能有效降低地区碳排放水平，特别是能降低碳排放强度。邓荣荣和张翱祥（2021）探索了中国城市数字金融发展如何通过经济增长、产业结构和技术创新效应降低碳排放强度，并提高碳排放效率。廖珍珍和茹少峰（2022）的研究揭示了数字金融与二氧化碳排放之间存在倒"U"型关系，指出在数字金融发展初期可能增加碳排放，但随着发展成熟碳排放会下降，数字普惠金融具有显著的碳减排效应（王守坤和范文诚，2022；Chen 和 Jiang，2023；Han 和 Zhang，2023），数字经济通过环境规制和绿色技术创新显著降低了碳排放，并呈现动态效应和倒"U"型趋势（Cheng 等，2023）。江三良和贾芳芳（2023）的研究显示，数字经济显著降低了地区碳排放强度和提升了碳排放效率。庞瑞芝和王宏鸣（2023）的研究探讨了数字经济对城市绿色发展的影响，指出数字经济显著促进了城市绿色发展，并通过经济结构服务化激励绿色技术创新等路径实现。数字经济降低碳排放强度（闫华飞等，2023），数字经济具有技术进步效应（杨雪等，2023），优化能源消费结构（易子榆等，2022），促进智能技术研发创新（原磊和王山，2023），降低技术碳排放。张杰等（2022）的研究发现，数字经济在城市低碳转型中发挥着重要作用，通过提高能源效率、促进绿色技术进步和产业结构升级等途径赋能。

数字经济促进绿色技术创新，降低碳排放强度。杜欣（2023）从绿色技术进步的角度分析了数字经济促进碳减排的机制，强调绿色技术创新能力和全要素生产率在其中的重要作用。同时，优化资源分配结构和提高技术成果的市场化水平，被认为能显著增强数字经济的碳减排效应。谢云飞（2022）、缪陆军等（2022）进一步强调了数字经济通过促进技术进步和提升创新效率来促进碳减排的作用。葛立宇和于井远（2022）、郭丰等（2023）的研究分别从智慧城市建设和"宽带中国"试点政策的角度证明了数字经济在降低城市碳排放方面的有效性，通过提升绿色技术创新水平和促进产业结构升级来达成碳减排目标。数字经济的发展显著降低了城市碳排放水平，并通过绿色技术创新显著促进了城市的低碳转型（郭丰等，2022）。数字经济和技术创新对提高碳生产率有着显著的正向影响，且数字经济通过技术创新这一重要渠道，有效提升了中国的碳生产（郭风等，2022）。从"减排""增效"的角度分析了数字经济对"双碳"目标的贡献，发现数字经济能够通过促进绿色创新来推动碳排放量的降低和碳生产率的提升。这种情形在东部地区的影响更为显著，而在中西部地区则相对较弱（胡汉辉和申杰，2023）。数字经济可以提升绿色技术创新能力（江三良和贾芳芳，2023；王国梁和胡敏，2023；周雪峰等，2022；Ji 等，2023），并通过产业优化效应、技术创新效应和效率提升效应促进了城市绿色经济绩效的提升（李江龙等，2023；Cheng 和 Qu，2023）。吴传清和邓明亮（2023）的研究揭示了数字经济对中国工业碳生产率的正向影响，强调了其空间溢出效应及绿色技术创新和产业结构升级的中介作用。肖静和曾萍（2023）的研究证实了数字经济通过绿色技术创新和产业结构升级间接促进地区低碳转型，同时还有显著的空间溢出效应。技术创新具有显著的碳减排效应，数字经济通过技术创新效应能够显著减少碳排放。

数字经济促进城市研发创新，降低碳排放强度。数字经济在增加城市电力消耗和二氧化碳排放的同时，也能降低其强度，揭示了数字经济在节能减排方面的双重性（高维龙等，2023）。冯子洋等（2023）指出，数字经济在实现"双碳"目标方面扮演了重要角色，尤其是在促进生产和生活方式的绿色低碳化转型方面。郭劲光和王虹力（2022）借助"宽带中国"战略试点政策的准自然实验，证明了数字化对城市碳排放绩效提升的赋能作用，特别是在东部地区、中部地区、大城市和非资源型城市中更为显著。郭沛和王光远（2023）的研究也显示，数字经济显著促进了减污降碳的协同效应，尤其在东部地区和非资源型城市中更加明显。数字要素赋能下的有偏技术进步对节能减排产生了正向影响，同时也发现这种效应在不同地区和城市类型间存在异质性（张思思等，2022），数字经济在城市低碳转型中非常重要，通过绿色技术创新等机制推动低碳转型（张哲华和钟若愚，2023）。

数字经济还会改变人们的消费习惯和生活方式，促进基础设施技术研发创新来降低碳排放强度。数字经济通过扩大社会经济规模降低碳排放强度（江三良和贾芳芳，2023）。李楠博（2023）从低碳技术进步的角度出发，探讨了数字经济赋能城市低碳发展的机理，发现数字经济水平的提升能有效赋能城市低碳发展。刘承毅和李欣（2023）发现环境规制对高碳制造业的绿色低碳发展具有影响，并且数字技术能显著增强这种影响。随着数字技术的普及，人们越来越倾向于在线上消费、绿色出行等方式。这些消费习惯和生活方式的改变可以减少人们对传统交通和能源的依赖，从而降低碳排放强度。王孟和刘东锋（2022）讨论了数字技术在体育产业低碳发展中的作用，强调数字技术赋能能够提升资源利用效率和优化产业结构。王真和楚尔鸣（2023）探究了信息基础设施建设在城市碳排放强度及效率方面的影响，发现绿色技术创新在信息基础设施建设实现城市"减排""增效"的过程中起到重要作用。张杰和魏振琪（2023）发现，数字经济显著促进了家庭消费的低碳转型，通过提高消费者的环境意识、促进绿色技术创新等机制实现。张文城和白凤兰（2023）揭示了数字基础设施发展对减少环境污染的积极作用，特别是在促进绿色创新和优化产业结构方面。

数字经济促进数字治理创新，降低碳排放强度。刘潭和徐璋勇（2023）通过研究指出，数字经济通过推动自主创新与模仿创新降低碳排放，尤其是在自主创新与模仿创新能力提升的地区效果更为显著。同样，吕德胜等（2023）的研究强调了数字经济在促进绿色创新"增量提质"方面的作用，特别是在激发政府和公众环境关注方面。在数字经济中，政府、企业和社会如何共同制定和执行规则和标准以降低碳排放强度，是一个重要的议题。这种规则和标准的制定与执行过程被称为数字治理，是一种创新的资源配置方式。政府在数字治理中发挥着重要的作用，通过政策引导，政府可以鼓励数字技术的低碳应用和发展，限制高能耗的数字产品和服务。在数字经济下，可以通过提供税收优惠和补贴等措施，鼓励企业采用低碳的数字技术和产品。这种政策可以激励企业积极投入研发，推动低碳数字技术的创新和应用。在数字经济下，可以通过制定相关的法律法规和标准，限制高能耗的数字产品和服务的生产和销售。这种政策可以引导企业和消费者转向更加环保、低碳的数字产品和服务，从而降低整个社会的碳排放强度。在数字经济下，可以通过支持绿色数据中心建设提供资金支持、政策优惠等措施，鼓励企业建设和使用绿色数据中心。这种政策可以促进数据中心的能效提升和碳排放降低，推动数字经济的可持续发展。在数字经济下，通过制定统一的能效标准和数据管理标准，可以推动企业和产品向低碳方向发展，政府可以规范企业和产品的能效表现，推动其向低碳方向发展。这种标准可以包括设备的能效等级、产品的碳足迹等指标，为消费者提供更加清晰、透明的能效信息。通过制定统一的数据管理标准，政府可以规范数据的收集、存储、分析和应用等行为，保障数据的准确性和可信度。这种标准可以包括数据的来源、格式、存储方式等指标，为数据的再利用和创新应用提供基础保障。通过建立完善的认证和标识体系，政府可以对符合低碳标准的企业和产品进行认证和标识，提高其市场竞争力。这种认证和标识体系可以为消费者提供更加可靠、可信的低碳产品和服务信息，引导其进行绿色消费。最后，通过数字平台，社会可以更加便捷地监督企业的碳排放行为，促使其采取减排措施。通过建立数字平台，发挥数字平台的信息公开和透明化增强资源配置效率，政府和企业可以更加便捷地公开其碳排放信息和减排措施，接受社会的监督。这种信息公开和透明化可以促进企业和政府之间的信任和合作，推动其共同采取措施降低碳排放强度。通过鼓励社会组织和公众的参与和监督，政府和企业可以更加全面地了解其碳排放行为和减排措施的效果。这种参与和监督可以促进企业和政府更加积极地采取减排措施，推动整个社会的低碳转型。通过数字技术的创新和应用，如大数据分析、人工智能等，政府和企业可以更加准确地监测和分析其碳排放行为和减排措施的效果。这种数字技术的创新和应用可以提高企业和政府的决策效率和准确性，降低碳排放强度。

数字经济可以实现社会资源的有效配置，降低碳排放强度。数字经济的碳减排效应是一个逐渐实现的过程（王军等，2022），数字技术研发创新逐渐促进碳减排。数字技术可以实现全局数据的实时收集和分析，为决策提供更加全面和准确的信息。通过对全局数据进行深度挖掘和分析，企业可以发现潜在的减排机会和优化空间，从而实现全局范围内的减排共振。这种全局优化可以降低整个系统的能耗和排放，实现减排的最大化。数字技术的不断创新和应用推动了绿色经济的增长。通过引入新的绿色产品和服务，企业可以开拓新的市场和商业模式，实现经济与环境的双赢。这种创新驱动的绿色增长不仅可以提高企业的经济效益，还可以在整体上降低社会的碳排放强度。数字技术可以促进社会的协同减排行动。通过建立数字平台和信息共享机制，企业、政府和社会各方可以更加便捷地参与和推动减排行动。这种社会协同的减排行动可以形成合力，推动整个社会向低碳方向发展。

数字经济促进数字技术与数据要素的价值赋能，减少碳排放。数据中心能效提升降低能耗，随着云计算、大数据等技术的发展，数据中心的能耗问题日益突出。但通过更高效的冷却技术、能源管理策略以及可再生能源的使用，可以降低数据中心的碳排放。例如，采用液冷技术替代传统的风冷技术可以降低数据中心的能耗；通过智能调度算法优化服务器的使用效率也可以降低能耗。数据流动与共享促进节能减排，数据的流动和共享可以减少重复收集和处理带来的能耗。通过建立统一的数据平台和数据共享机制，可以避免数据的重复收集和处理所带来的浪费和排放。同时，开放数据政策可以促进数据的再利用和创新应用，进一步提高数据的能效和价值。

此外，数字经济还会通过技术进步和种植规模化、专业化显著降低了粮食生产碳排放（田红宇和关洪浪，2023），通过规模经营效应、结构优化效应和技术进步效应显著降低农业的碳排放强度（杨雪等，2023）。

3.4 数字经济通过促进金融发展
降低碳排放强度

    金融发展涵盖了金融市场、金融机构、金融工具及金融监管体系的成熟与进步。这一概念的核心是金融体系在促进经济增长、高效配置资源、管理风险以及促进财富增长方面的能力提升。具体来看，金融发展包括金融市场深化（如股票和债券市场的效率提高）、金融机构的多样化与复杂化（如银行、保险公司和投资基金的发展）以及金融工具创新（如衍生品和电子货币等新型金融产品的出现）。在经济活动中，一个成熟的金融体系能有效地聚集储蓄并将其转化为投资，帮助企业和个人获取资金，从而推动经济增长。同时，金融发展还能提升资源配置的效率，确保资源被投入到最具生产性的领域。除此之外，金融发展还强化了风险管理能力，帮助个人和企业分散和管理风险，从而增强经济的稳定性。然而，金融发展同时伴随监管上的挑战，特别是在金融创新迅猛发展的今天。金融市场的不稳定性、金融危机的发生以及系统性风险的潜在威胁，都要求建立一个有效的监管体系来维护金融市场的稳定和透明。因此，金融发展不仅指金融体系自身的成长，还包括金融监管和政策的适应与完善。

    表3-4总结了金融发展的相关要素，反映了金融发展的多样性特点。

表3-4 金融发展的内容

要素	描述
特点	金融市场深化和效率提升，金融机构多样化和服务扩展，金融工具创新和复杂化，金融监管体系的完善和适应
规律	金融需求日益多样化，技术进步推动金融产品和服务创新，全球化影响金融市场结构和运作，金融周期与经济周期相互作用

要素	描述
所包含的主要行业	银行业 保险业 证券业 投资管理 金融科技（FinTech）
影响	经济增长的促进 促进资源有效配置 风险管理和分散 影响货币政策和宏观经济稳定
与实体经济的关系	金融发展为实体经济提供资金支持 金融市场波动直接影响实体经济 金融创新改善实体经济的资金融通 金融稳定对实体经济发展至关重要

表 3-5 与图 3-2 汇报了 2010~2022 年我国金融业发展水平，可以看出，我国金融业增加值自 2010 年实现了稳步增长，虽然 2016 年开始增长速度有所减缓，但依然保持了稳定在 8%左右的增长，为实体经济赋能打下了良好的基础。

表 3-5　2010~2022 年我国金融业发展水平　　单位：亿元，%

年份	金融业增加值总量	增长率
2010	25733.1	17.8
2011	30747.2	19.5
2012	35272.2	14.7
2013	41293.4	17.1
2014	46853.4	13.5
2015	56299.8	20.2
2016	59964.0	6.5
2017	64844.3	8.1
2018	70610.3	8.9
2019	76250.6	8.0
2020	83617.7	9.7

续表

年份	金融业增加值总量	增长率
2021	90308.7	8.0
2022	96811.0	7.2

资料来源：国家统计局。

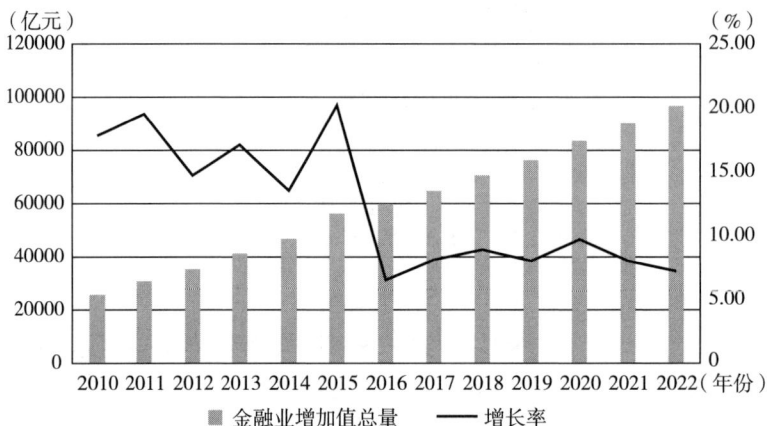

图 3-2　2010~2022 年我国金融业发展水平

　　数字经济凭借其数据获取、处理和应用的独特优势，为金融行业带来了巨大的发展机遇。它不仅拓宽了金融服务的范围，使其能够覆盖更广泛的地域和客户群体，而且通过大数据和人工智能等技术手段，显著提高了金融服务的效率和智能化水平。这不仅简化了业务流程，降低了运营成本，而且为客户提供了更加个性化、精准的服务体验。数字经济正在重塑金融行业的生态，推动其向更加高效、便捷和普惠的方向发展。

　　数字经济促进企业融资贷款发放，推动经济集聚，提升碳效率，降低碳排放强度。首先，数字经济通过优化金融市场的运作，改善了企业融资贷款的发放效率。在数字经济的驱动下，金融科技的发展使得信息传输更为迅速和准确，降低了银行和其他金融机构在贷款过程中的信息不对称问题。例如，通过大数据分析，金融机构能更准确地评估企业的信用风险，从而提高贷款审批的速度和精准度。这样，企业能更快速地获得所需资金，加速其业务发展和技术创新。其次，数字经济促进了经济集聚的形成。经济集聚指的是在特定地理区域内，相似或互补的企业、机构聚集在一起，形成经济的"聚集效应"。数字经济提供了一个更加高效和便捷的平台，使得各种企业、研究机构和政府部门能够更容易地进行信息交换、资源共享和合作。这种集聚效应不仅促进了创新和技术的扩散，而且有助于提高生产效率和减少成本，进而对提升整体经济的碳效率起到了积极作用。再次，经济集聚进一步提升了碳效率。碳效率是指单位经济产出所产生的碳排放量。经济集聚使得企业能够更有效地利用共享的资源，如共同的技术研发中心、共享的物流系统等，这些共享机制减少了重复建设和浪费，提高了资源利用效率，从而降低了单位产出的碳排放。此外，经济集聚还有助于促进环保技术和低碳技术的研发和应用，因为集聚区域内的企业和机构能更容易地分享这些技术和经验。最后，这一系列过程最终导致了碳排放强度的降低。随着企业融资效率的提高，它们可以更有效地投资于节能减排和绿色技术。同时，经济集聚带来的高效资源利用和技术创新进一步减少了单位产出的碳排放。这些因素共同作用，使得整体经济的碳排放强度得到显著降低。

总之，数字经济在促进企业融资、推动经济集聚、提升碳效率方面发挥了关键作用，并最终有效降低了碳排放强度，为实现绿色可持续发展提供了重要支持。冯兰刚等（2023）研究发现数字经济是实现"双碳"目标的重要驱动力，数字经济的发展显著降低了城市碳排放强度，其中创新能力和能源强度是重要的控碳机制。姜汝川和景辛辛（2023）研究了京津冀地区数字经济发展对碳排放的影响，发现该地区的数字经济发展显著促进了城市碳排放量的降低，主要通过促进融资贷款、产业集聚和外商直接投资等机制。李治国和王杰（2022）探讨了经济集聚背景下数字经济发展如何影响空间碳排放，发现数字经济发展具有非线性的空间减排效应，主要通过经济增长和技术进步路径实现。佘群芝等（2022）研究了数字经济、经济聚集与碳排放之间的关系，发现数字经济发展能有效降低碳排放强度。工业企业的数字化转型显著降低了碳排放强度，特别是数字技术应用的碳减排效应更为显著（喻春娇和唐威，2023）。数字经济具有强大的普惠效应与长尾效应，可以促进数字金融对农业技术创新与农民创业，进而降低农业碳排放（Chang，2022）。数字经济具有节能减排效应（王群勇和李海燕，2023；金飞和徐长乐，2022），还可以显著促进城市碳绩效提升（刘洋等，2023）。

数字经济促进绿色金融发展，进而降低碳排放强度。数字经济通过其数据驱动、网络化和智能化的特征，显著推动了绿色金融的发展，并由此有效降低了碳排放强度。具体来看，数字经济的高效资源配置和精确信息处理能力，为绿色金融提供了精准的风险评估和资金分配机制。在这一过程中，绿色金融成为支持环保项目和技术的重要平台，尤其是在可再生能源和节能减排领域的投资。通过数字经济的助力，绿色金融能够更有效地引导资本流向这些低碳项目，从而直接促进碳排放强度的下降。此外，随着碳排放强度的降低，企业和社会的可持续发展能力得以提升，进而吸引更多资金进入绿色金融领域，形成一个积极的反馈循环。因此，数字经济在促进绿色金融和降低碳排放强度之间扮演了关键角色，其信息技术应用在提高资金配置的效率和精确性方面发挥着不可或缺的作用，而绿色金融作为连接数字经济与低碳发展的"桥梁"，成为实现碳排放减少的关键途径。谢非和周美玲（2023）强调绿色金融在实现数字经济绿色发展中的关键作用，研究发现绿色金融对数字经济的绿色发展有显著的促进作用，尤其在中西部地区效果更加明显，并且绿色金融能通过促进产业结构的合理化和高级化推动数字经济的绿色发展。绿色经济发展有助于资源有效利用，减少碳排放。数字经济既能促进城市绿色经济转型（张传兵和居来提·色依提，2023），还能够促进外商直接投资（张云等，2023），促进数字金融发展（Liu等，2023），促进绿色金融发展，提高经济循环效率与资源利用效率，减少碳排放。

数字经济促进金融科技发展，提升资源利用效率，降低碳排放强度。数字经济促进了金融科技的发展，金融科技的特性如表3-6所示。首先，数据驱动的决策分析使金融机构能够更准确地进行风险评估和预测市场趋势。数字化支付与金融服务大大提高了支付效率和客户体验，推动了金融服务的便捷化。智能化风险管理利用大数据和人工智能技术，增强了金融机构的风险管理能力，有助于提升市场稳定性。其次，区块链技术的应用为金融领域带来了创新机遇，降低了交易成本和风险。Dong 等（2022）从全球 60 个国家的角度分析了数字经济对碳排放的影响，研究表明数字经济的发展通过经济增长、金融发展和产业结构升级降低碳排放强度。最后，个性化金融服务的兴起满足了消费者多样化需求，助力金融机构实现精准营销和客户价值最大化。随着数字经济的深入发展，金融科技将继续发挥创新引领作用，推动金融行业向智能化、便捷化方向升级。杨丹辉和胡雨朦（2022）聚焦于投入数字化对工业碳排放强度的影响，发现投入数字化显著促进了工业碳排放强度的降低，尤其是数字化服务投入对降低工业碳排放强度的作用更为明显。金融机构需积极拥抱数字化转型，加强技术研发和创新投入，以适应这一趋势。同时，监管部门也应加强对金融科技的监管力度，保障市场的公平、透明和稳定。

表 3-6　金融科技的特征

要素	金融科技
主要应用行业	移动支付、在线借贷（P2P 借贷）、个人财务管理、数字货币和区块链、机器人理财、保险科技（InsurTech）、回购技术（RegTech）等
特点	高度依赖信息技术，用户体验为中心，强调安全和隐私保护，创新和迭代速度快，数据驱动决策
规律	随着技术进步，业务模式不断创新，用户需求和市场环境变化推动服务多样化，监管科技与金融科技同步发展，安全性和便捷性是发展的双重要求
作用	提高金融服务的效率和可达性，降低金融服务成本，增强金融市场的透明度和公平性，促进金融包容性，改善风险管理

数字经济的崛起为金融科技的发展提供了坚实基础。首先，通过数字化手段，金融科技能够更有效地收集、处理和分析大量数据，这不仅提高了金融服务的效率，也为金融机构提供了更为精确的风险评估和决策支

持。这种技术进步直接推动了资源配置的优化。例如，通过利用大数据和人工智能，金融机构能够精准识别和支持那些在节能减排方面表现突出的项目和企业，从而将资金投向更高效、更环保的领域。其次，金融科技对资源利用效率的提升具有直接影响。通过线上化和自动化的金融服务，降低了传统金融活动中的物理资源消耗和能源耗费。例如，移动支付、在线银行服务等减少了纸质交易和客户到访，从而减少了能源消耗和碳排放。同时，金融科技还促进了可持续金融产品的发展，如绿色债券、可持续投资基金等，这些产品直接支持环保项目和低碳技术的发展。再次，金融科技通过促进透明度和责任感增强，提升了企业和个人对环境影响的认识。例如，区块链技术在提高交易的透明度的同时，也为碳排放权交易和绿色资产认证提供了可靠的技术支持。这些进展使得环保意识在投资决策中占据了更加重要的位置。最后，金融科技本身的高效性和节能特征也是降低碳排放的一个重要方面。随着金融服务的数字化和自动化，金融机构的能源消耗和碳足迹大幅减少。这种模式转变不仅在金融业内部产生影响，还通过金融服务与其他行业的交互作用，促进了整个社会的低碳转型。

综上所述，数字经济通过推动金融科技发展，不仅提升了金融服务的效率和效能，而且为资源的高效利用和碳排放强度的降低提供了动力。金融科技在推动可持续金融产品的发展、提高交易透明度和环保意识以及促进金融服务的节能化方面发挥了重要作用，为实现低碳经济的转型提供了重要支持。

3.5 数字经济通过促进技术市场交易降低碳排放强度

技术市场交易是一个涵盖技术知识、产品或服务买卖的关键概念，它主要发生在持有技术的一方（如发明者、创新企业或研究机构）与寻求这些技术以提高自身产品或服务竞争力的另一方之间。这种交易的核心在于技术的转移，不单是物理产品的交易，更重要的是知识产权、专利技术、技术许可及专业知识和技能的转让。技术市场交易的价格通常受技术的独特性、市场潜力、开发成本和竞争环境等因素影响。技术市场交易在推动经济增长、提高生产效率和激发新市场机会方面发挥着至关重要的作用。这种交易面临着评估技术价值、保护知识产权和处理信息不对称等挑战。由于技术市场的不完全透明和技术本身的复杂性，技术市场交易过程通常涉及复杂的合同谈判、知识产权协议和技术支持等环节。

数字经济可以通过建立碳交易市场等机制来降低碳排放强度。碳交易市场可以通过市场化手段实现碳排放权的合理配置，推动企业采取措施降低碳排放。数字技术可以实现对碳排放权的精确计量、监控和管理，提高碳交易市场的透明度和公正性，从而更好地发挥碳交易市场的作用。

数字经济促进技术市场交易效率提升，降低碳排放强度。数字经济的核心要素对技术市场产生重要影响。数字经济作为信息技术和互联网高速发展的产物，不仅改变了传统的经济模式，也为技术市场带来了前所未有的变革。这些变革体现在信息流通的加速、市场透明度的提升、技术创新的激励机制以及资源分配的优化等方面。首先，数字经济通过加快信息流通，极大地提高了技术市场的交易效率。在传统模式下，技术提供者和需求者之间存在信息不对称的问题，导致技术交易效率低下。数字经济的发展特别是大数据、云计算等技术的应用，使得市场信息更加透明和及时。技术提供者可以快速获取市场需求信息，而需求者也能及时了解到最新的技术进展，从而缩短了技术转移的时间和成本。其次，数字经济的发展还推动了低碳技术的创新和研发。云计算、大数据分析等数字技术本身具有高效率、低能耗的特点，为其他领域的低碳技术创新提供了强大的数据支持和计算能力。此外，随着市场对环保和节能技术需求的增长，数字经济平台通过提高透明度和问责制，促使企业更加重视绿色技术的开发。例如，通过在线平台收集的用户反馈和市场数据，可以帮助企业更精准地进行技术研发，减少不必要的试错成本。最后，技术市场效率的提升直接导致了能源和资源的节约。在数字经济的推动下，节能和减排技术能够更快地被市场接纳和应用。这不仅减少了企业的能源消耗，也降低了整个社会的碳排放水平。例如，通过数字平台的能源管理系统，企业可以实时监测和调整其能源使用，从而实现更有效的能源利用和碳排放减少。

总体而言，数字经济通过提升技术市场的交易效率，在促进可持续发展方面发挥了重要作用。它不仅加速了技术的流通和应用，还通过数据驱动的优化，确保了技术资源的有效利用。未来，随着数字经济的不断深入和发展，它将为低碳发展提供更多新的路径和方法，为实现碳中和目标做出更大贡献。

在数字经济下，产业数字化提前隐含碳排放下降的拐点，可以为中国产业部门低碳发展提供有效措施（高鹏和岳书敬，2022）。数字经济促进技术创新（杨俊和钟文，2023），实现物流业碳减排。数字经济促进制造业集聚，抑制城市碳全要素生产率的提升（张平淡和屠西伟，2023），降低碳排放强度（曹薇等，2023；常皓亮，2023；董瑞媛和周晓唯；2023；杜欣，2023；刘震等，2023）。

数字经济促进技术市场交易措施完善，降低碳排放强度。常皓亮等（2023）探讨了大数据战略对电力消费碳排放的影响，发现国家级大数据综合试验区的建设能够有效降低电力消费碳排放水平，主要通过促进技术创新和数字普惠金融发展实现。程云洁和段鑫（2023）的研究聚焦于国家大数据试点政策对雾霾污染和碳排放的影响，发现国家级大数据试点政策促进了城市减霾降碳。李南枢和宋宗宇（2023）认为，在支持技术创新、完善制度框架和促进多元协作的基础上，应强化数字低碳与低碳数字的融合发展，以构建"双碳"目标下数字经济发展的利益共同体，并实现数字化与绿色化的协同增效，真正推动经济社会的可持续发展。当前需要引导数字经济部门加快能源转型，提高数字产品及数字基础设施的能耗标准，鼓励数字经济企业践行绿色社会责任，积极探索可持续的减排路径（渠慎宁等，2022）。郑萌萌（2023）探讨了"东数西算"政策对实现共同富裕的作用，提出这一政策通过促进区域经济协调发展、缩小数字鸿沟和改善生态环境，有助于降低碳排放。Liu 和 Li（2022）探讨了刑法规制优化的商业环境对创业精神和企业发展的影响，认为优化的商业环境有助于创业精神的培养和企业发展，同时对促进技术创新和市场竞争也起到积极作用。国内法治与国际法治协同发展具有必要性（邵莉莉，2023），地方环境目标约束对企业绿色创新质量具有影响（朱于珂等，2022），虽然当前许多政策在保障激励和政策覆盖方面还有不足，但政府应提供技术援助和补贴，以降低企业生产过程中的能源消耗，并实现可持续发展（Lu 等，2022）。

数字经济降低技术市场交易风险，降低碳排放强度。数字经济作为一种基于数字化技术和网络化平台的新型经济形态，对技术市场的交易模式、风险管理以及最终的环境影响产生了深远的影响，数字经济促进经济社会快速发展（戎爱萍，2023）。首先，数字经济通过提供更加高效、透明的交易平台，大幅度降低了技术市场的交易风险。在传统的技术交易过程中，由于信息不对称、交易成本高和交易时间长等因素，市场参与者面临较高的交易风险。数字经济的发展尤其是区块链、大数据分析等技术的应用，提高了交易的透明度和效率，从而降低了交易双方的不确定性和风险。例如，通过区块链技术可以构建一个透明、不可篡改的交易记录系统，增强市场信任，减少欺诈行为的可能性。其次，数字经济通过促进技术创新，特别是在绿色技术领域，为降低碳排放提供了强大的动力。数字技术的发展使得研发新技术变得更加容易和高效，尤其是对于那些能够提高能源效率、减少废物排放的绿色技术。此外，数字经济还提供了一种新的方式来评估和优化技术的环境影响，例如，通过生命周期评估来确定产品的整体环境足迹，帮助企业和消费者做出更环保的选择。最后，数字经济也为绿色金融提供了新的可能性，这对于降低碳排放至关重要。通过数字化平台可以更有效地连接资金提供者和绿色项目，提高资金的使用效率。同时，数字技术还能更准确地评估绿色项目的风险和回报，吸引更多的投资进入这一领域。例如，通过使用人工智能和大数据技术，可以更准确地预测绿色项目的市场潜力和环境影响，吸引更多的投资者参与。Zhang 等（2022）认为基于区块链技术的碳排放交易模型不仅提供了一个安全的交易平台，还为碳排放交易提供了更全面的参考信息。

综上所述，数字经济在降低技术市场交易风险和碳排放方面发挥着重要作用。通过提供更高效、透明的交易平台，促进技术创新以及推动绿色金融的发展，数字经济不仅降低了技术市场的交易风险，还为实现低碳、可持续的发展目标提供了重要支持。未来，随着数字技术的不断进步和应用，其在促进环保和降低碳排放方面的潜力将会进一步显现。

表 3-7 总结了数字经济抑制技术市场交易风险的部分案例，反映了数字经济发挥的积极作用。

表 3-7 数字经济抑制技术市场交易风险的案例

案例名称	案例简介	数字经济的作用	风险抑制效果
蚂蚁金服	蚂蚁金服通过区块链技术实现交易透明化，降低交易欺诈风险	区块链技术	有效降低了交易欺诈风险，提高了交易的信任度
京东数科	京东数科利用大数据和人工智能技术对交易风险进行实时监测和预警	大数据和人工智能技术	实现了对交易风险的实时监测和预警，有效预防了欺诈和违约风险
微信支付	微信支付通过实名认证、绑卡验证等方式，确保交易双方身份真实可靠，降低了交易风险	实名认证、绑卡验证等技术	确保了交易双方身份的真实性，降低了交易风险和欺诈可能性
支付宝	支付宝利用智能风控系统对交易风险进行实时监测和防控，保障用户资金安全	智能风控系统	通过实时监测和防控，有效降低了交易风险和资金安全问题
P2P 网贷平台	P2P 网贷平台利用大数据和云计算技术对借款人信用进行评估，降低违约风险	大数据和云计算技术	对借款人信用进行全面评估，降低了违约风险和不良贷款率
跨境支付平台	跨境支付平台利用区块链技术实现跨境支付的快速、安全和透明化	区块链技术	通过提高跨境支付的安全性和透明度，有效降低了跨境支付的风险

资料来源：根据公开资料整理。

3.6　本章小结

数字经济已经成为推动全球经济增长的重要力量。数字经济指的是以数字化的知识和信息作为关键生产因素，以现代信息网络作为重要活动空间，以信息通信技术的有效应用为重要驱动力的经济活动。这种经济形态的核心在于通过数字化转型提高效率、促进创新并创造新的价值链和商业模式。

数字经济与碳排放强度之间的关系日益显著。碳排放强度是指单位经济产出所产生的碳排放量，它是衡量经济活动对环境影响的一个重要指标。在面临全球气候变化和碳减排压力的当下，探究如何利用数字经济的力量降低碳排放强度，成为一个紧迫的课题。数字经济通过促进技术创新、提高资源使用效率、优化产业结构等方式，为降低碳排放提供了新的解决途径。

本书主要目的是深入探讨数字经济如何具体地影响和降低碳排放强度。具体而言，本章研究将集中在以下几个方面：数字经济是如何通过促进市场中介的发展来降低碳排放强度、如何通过提升资源配置效率来减少碳排放、通过促进研发创新对降低碳排放的影响以及数字经济如何通过推动金融发展和促进技术市场交易来实现减排目标。通过对这些方面的分析，旨在提供一个全面的视角，理解数字经济在促进可持续发展和应对气候变化方面的潜力和挑战。

数字经济促进市场中介发展降低碳排放强度。数字经济通过提高市场中介的效率，对降低碳排放产生直接影响。数字平台减少了物理流通的需要，降低了交通运输的碳排放。在数字经济中，市场中介如在线平台和电子商务网站扮演着至关重要的角色。它们通过提供一个去中心化的交易环境，极大地提高了市场交易的效率。数字市场中介减少了传统市场交易中必要的物理流通，如实体店铺的运营和商品的物理运输，从而有效降低了与这些活动相关的碳排放。此外，这些平台借助于数据分析和人工智能技术，进一步提高了交易的效率和精确度，从而减少了过度生产和消费带来的环境负担。通过这些方式，数字市场中介不仅推动了商业模式的创新，也为降低整体碳排放强度做出了贡献。例如，电子商务平台减少了传统零售的物理空间和物流需求，从而显著降低了碳足迹。

数字经济促进资源配置效率的提升降低碳排放强度。数字经济通过数据分析和人工智能技术优化资源分配，减少浪费。智能制造系统能够根据需求精确控制材料使用，减少生产过程中的能源消耗和废物产生。智能电网技术则通过优化电力分配和使用，提高能效，降低碳排放。这些技术的应用表明，数字经济能够通过提高资源使用效率来降低碳排放。

数字经济促进研发创新降低碳排放强度。数字经济通过提供数据和分析工具加速了低碳技术的研发。例如，大数据分析帮助科学家更快地理解气候变化趋势和环境影响，加速了新能源技术的开发。云计算和 AI 技术在研究和开发新型可持续材料中也发挥着关键作用。这些技术创新直接促进了更高效、更环保的产品和服务的开发。

数字经济促进金融发展降低碳排放强度。数字金融为绿色项目提供了更多融资机会，推动了低碳经济的发展。金融科技公司通过提供绿色金融产品和服务，比如绿色债券和可持续投资基金，吸引了对低碳项目的投资。此外，数字化的金融服务提高了资金的流动性，降低了低碳项目的融资成本。

数字经济促进技术市场交易降低碳排放强度。数字经济促进了技术市场交易，加速了低碳技术的传播和应用。数字平台在促进技术的交易和传播方面发挥着关键作用，特别是在加速低碳技术的普及和应用上。这些平台通过提供在线市场，使得买卖双方能够高效地交易各种技术，包括绿色和低碳技术。例如，一些在线市场专门为可再生能源技术、节能解决方案和其他环保创新提供交易平台。这不仅提高了技术交易的可达性和便利性，还降低了交易成本，从而鼓励了更多的创新和投资。

第4章　中国各省份数字经济发展与碳排放强度的描述性分析

　　对中国各省份数字经济发展与碳排放强度展开描述性分析是必要的，其具有重要的学术价值和实践意义。从学术角度而言，这项分析有助于揭示数字经济与环境可持续性之间的关系，提供一个宏观视角来理解数字经济发展如何影响碳排放强度，从而丰富现有的经济发展与环境保护的理论框架。并且，这种描述性分析能够为后续的深入研究奠定基础，识别关键的研究问题和变量，为构建理论模型和假设验证提供初步证据。从实践层面而言，描述性分析的结果可以为政策制定者提供重要参考。中国是一个地域广阔、经济和社会发展水平差异显著的国家，各省份在数字经济发展和碳排放控制方面的实际情况也存在较大差异。通过对这些差异的描述性分析，可以帮助政策制定者了解各地区在推动数字经济发展的同时如何有效控制碳排放，从而制定更加精准和有效的区域性政策措施，推动经济增长与环境保护的协调发展。

　　此外，描述性分析还能为企业决策提供依据。企业在进行战略规划和投资决策时，需要充分考虑所在地区的数字经济发展水平和环境政策要求。分析结果可以帮助企业识别各地区的发展机遇和潜在风险，优化资源配置，实现绿色可持续发展。

4.1 数字经济发展水平的测算方法

由于缺乏直接代表各省份数字经济发展水平的公开数据，我们参照先前的研究（赵星，2022；Brodny 和 Tutak，2021；Yang 和 He，2022）采用熵权法进行计算。这种方法完全依靠指数中固有的信息熵来分配权重，从而确保了更高的准确性和更强的客观性（Yang 和 He，2022）。具体而言，本书借鉴（赵涛等，2020）的测算方法，采用了五项指标测算了反映各省份数字经济发展水平的综合指数，测算指标如表4-1所示。

表4-1 数字经济发展水平的测算指标

序号	指标	指标含义	指标属性
1	互联网普及率	每百人互联网用户数（%）	+
2	移动电话普及率	每百人移动电话用户数（%）	+
3	普惠金融指数	中国数字普惠金融指数	+
4	互联网相关产出	人均电信业务总量	+
5	互联网相关从业人数占比	计算机服务和软件从业人员占比（%）	+

4.2 中国各省份数字经济发展的描述性分析

数字经济作为当今时代推动全球经济增长的重要引擎，尤其在中国，其对经济社会的转型和升级起到了不可替代的作用。随着互联网、大数据、云计算、人工智能等关键技术的快速进步，数字经济正在深刻改变着传统产业的经营方式，促进消费模式的创新和服务业态的变革，同时也在就业格局、生产效率提升、绿色发展战略以及提高国家整体竞争力方面发挥着重要作用。因此，全面分析和理解中国数字经济的发展状况，不仅有助于把握其在全球经济中的位置和作用，也对政策制定者、企业决策者以及技术发展研究者具有重要的指导和参考价值。

数字经济的快速发展为中国乃至全球的经济增长注入了新的活力。在中国，数字经济的蓬勃发展不仅推动了传统产业的数字化转型，优化了产业结构，还促进了创新驱动发展战略的实施，为经济高质量发展奠定了坚实的基础。同时，数字经济的发展也带来了新的就业机会，促进了劳动力市场的多样化和灵活性，提高了整体就业水平和生活质量。此外，数字经济在促进绿色发展和提升国家竞争力方面也显示出巨大潜力，通过智能化、网络化和数据驱动的方式，实现资源的高效配置和利用，推动了经济社会的可持续发展。

本章旨在通过对中国数字经济的深入剖析，全面展现其发展态势、揭示地域之间的发展差异，并对其未来的发展趋势和可能产生的广泛影响进行预测和分析。通过收集和整理中国各省份的数字经济相关数据，本章将详细探讨数字经济在中国的地理分布特征，分析不同省份在数字经济发展中的优势和劣势，揭示背后的成因，并讨论如何通过政策引导和市场激励来促进区域间的均衡发展。因此，本章通过对中国数字经济发展水平的深入分析，旨在为政府的数字经济战略规划、企业的数字化转型决策以及科技创新的方向提供科学的依据和参考，同时也为国际社会理解中国数字经济的发展现状和趋势提供一个窗口。

4.2.1　东部地区数字经济发展指标

在中国经济的蓬勃发展中，数字经济已成为推动经济转型和升级的关键驱动力，尤其在经济最为繁荣的东部地区表现尤为突出。东部地区凭借其在信息通信技术基础设施、工业基础和人才资源方面的显著优势，已成为中国数字经济创新和发展的领头羊。这一地区不仅拥有全国最先进的宽带和移动通信网络，还汇集了大量的科技企业和研发机构，形成了活跃的创新生态系统，为数字经济的快速增长提供了强有力的支持。

东部地区涵盖了北京、天津、河北、上海、江苏、浙江、福建、山东、广东和海南 10 个经济发达省份。这些省份在过去几十年里，数字经济的发展水平呈现出显著的增长趋势。2000~2021 年，东部地区数字经济的平均水平实现了从 0.02 到 0.48 的飞跃，增长了约 23 倍（见表 4-2）。这一显著增长的背后，是政府在数字基础设施、创新政策和人才培养方面的持续投入，以及私营部门在电子商务、云计算、大数据等领域的积极探索和应用。

表 4-2　中国东部地区数字经济发展水平

年份	北京	天津	河北	上海	江苏	浙江	福建	山东	广东	海南	平均
2000	0.02	0.01	0.02	0.01	0.01	0.02	0.02	0.02	0.04	0.03	0.02
2001	0.02	0.01	0.02	0.01	0.01	0.02	0.02	0.02	0.04	0.03	0.02
2002	0.05	0.03	0.04	0.02	0.03	0.04	0.04	0.05	0.05	0.04	0.04
2003	0.08	0.06	0.07	0.05	0.05	0.06	0.05	0.07	0.07	0.05	0.06
2004	0.10	0.09	0.08	0.09	0.07	0.09	0.07	0.08	0.10	0.07	0.08
2005	0.13	0.12	0.09	0.10	0.09	0.12	0.10	0.10	0.11	0.09	0.10
2006	0.16	0.13	0.10	0.12	0.11	0.15	0.13	0.12	0.13	0.10	0.12
2007	0.17	0.17	0.12	0.14	0.14	0.15	0.14	0.14	0.16	0.11	0.15
2008	0.18	0.20	0.15	0.17	0.15	0.20	0.15	0.17	0.19	0.13	0.17
2009	0.21	0.23	0.18	0.19	0.18	0.23	0.17	0.19	0.20	0.14	0.19
2010	0.22	0.26	0.20	0.23	0.24	0.24	0.19	0.22	0.21	0.16	0.22
2011	0.26	0.27	0.22	0.26	0.26	0.28	0.22	0.23	0.26	0.19	0.24
2012	0.28	0.30	0.24	0.28	0.27	0.30	0.24	0.26	0.27	0.20	0.26
2013	0.31	0.33	0.25	0.31	0.31	0.33	0.27	0.27	0.31	0.22	0.29
2014	0.33	0.35	0.28	0.32	0.34	0.34	0.29	0.28	0.36	0.23	0.31
2015	0.36	0.37	0.30	0.34	0.38	0.37	0.30	0.30	0.38	0.25	0.33
2016	0.40	0.39	0.33	0.37	0.40	0.40	0.32	0.32	0.40	0.26	0.36

年份	北京	天津	河北	上海	江苏	浙江	福建	山东	广东	海南	平均
2017	0.43	0.42	0.36	0.38	0.41	0.44	0.34	0.33	0.44	0.28	0.38
2018	0.44	0.46	0.38	0.42	0.44	0.47	0.35	0.34	0.47	0.30	0.41
2019	0.46	0.48	0.39	0.43	0.47	0.50	0.37	0.36	0.52	0.32	0.43
2020	0.50	0.51	0.41	0.46	0.49	0.53	0.40	0.37	0.56	0.34	0.45
2021	0.53	0.54	0.42	0.48	0.50	0.56	0.41	0.39	0.58	0.35	0.48

特别是广东、江苏、浙江和上海这 4 个省份，其数字经济增长速度尤为突出，体现了这些地区在数字技术应用和创新方面的领先地位。这些地区不仅具有雄厚的工业基础，还拥有广泛的国际交往和合作网络，为数字经济的全球化发展提供了便利条件。与此同时，天津、河北和海南虽然增长相对较慢，但也保持了稳定的发展势头，展现了东部地区整体上的强劲发展态势。

随着时间的推移，东部地区各省份之间在数字经济发展水平上的差距逐渐扩大，这反映了各地区在资源配置、政策支持和产业发展方向上的差异。2000~2021 年，北京、天津、河北、上海、江苏、浙江、福建、山东、广东、海南的数字经济增长倍数分别达 25.5 倍、53.0 倍、20.0 倍、47.0 倍、49.0 倍、27.0 倍、19.5 倍、18.5 倍、13.5 倍、10.7 倍，显示出北京、天津、上海、江苏和浙江等省份的增长速度超过了平均水平，成为数字经济增长的主要动力源。

这些数据不仅凸显了东部地区在中国数字经济发展中的领先地位，也揭示了区域内部发展的不平衡性。为了进一步推动数字经济的均衡发展，需要在提升基础设施建设、优化产业结构、强化创新能力和深化开放合作等方面持续发力，促进东部地区乃至全国数字经济的全面繁荣。

图 4-1 展示了北京、天津、河北、上海、江苏、浙江、福建、山东、广东、海南 10 个省份数字经济的稳健增长态势。这一增长不仅体现了中国数字经济整体上的蓬勃发展，也揭示了不同省份之间在数字经济发展水

平上的差异和变化。2000 年，广东以 0.04 的指标值领先，而天津、上海和江苏等省份的指标值则相对较低，仅为 0.01，这表明在数字经济的初期发展阶段，广东已经展现出了其在数字经济方面的潜力和优势。接下来的几年中，尽管各省数字经济发展水平的绝对值变化不大，但广东、北京和山东等省份在 2002 年达到了 0.05 的水平，显示出这些地区数字经济发展的加速趋势。

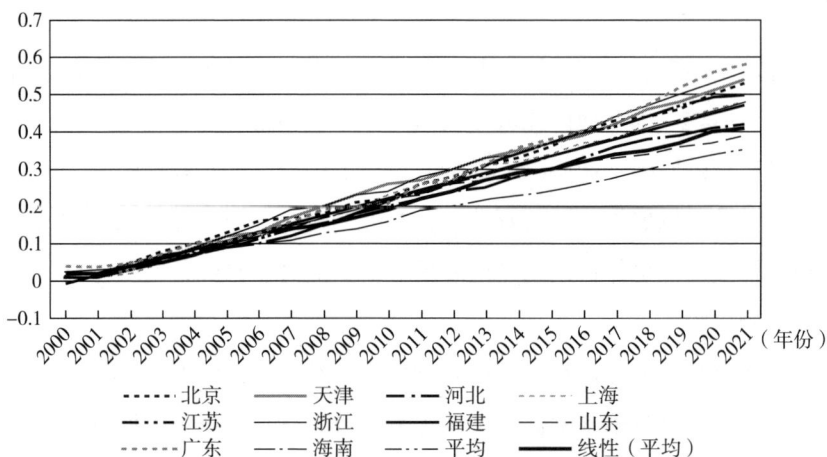

图 4-1　中国东部地区数字经济发展水平趋势

特别是从 2003 年开始，北京的数字经济发展水平达到了 0.08，高于其他省份，显示出首都在数字技术应用、创新能力以及政策环境等方面的优势。而上海、江苏、福建和海南等省份的指标值则保持在 0.05，这可能与当地的产业结构、政策支持和市场环境等因素有关。

进入 2004 年，北京和广东的数字经济发展水平同步上升至 0.10，进一步巩固了它们在中国数字经济领域的领导地位。与此同时，江苏、福建和海南的发展水平虽然有所提升，但增长幅度相对较小。

直至 2020 年，广东的数字经济发展水平达到了 0.56，再次领先于其他省份，而海南则以 0.34 的指标值位列最低，这可能反映了海南在数字基础设施建设、产业数字化转型和人才培养等方面相对滞后。到了2021年，广东的数字经济发展水平进一步上升至0.58，而海南的发展水平略有提升，为0.35，但仍然是最低值。

这一系列数据不仅反映了中国数字经济的整体增长趋势，也揭示了各省份在数字经济发展过程中的不同阶段和特点。广东作为经济强省，凭借其在制造业、出口贸易以及科技创新方面的优势，一直保持着数字经济发展的领先地位。北京作为政治、文化和科教中心，其数字经济的快速发展则得益于强大的科技创新能力和优质的人才资源。相比之下，海南等省份在数字经济的发展中还面临诸多挑战，需要进一步加强数字基础设施建设，优化产业结构，提升人才培养和技术创新能力，以缩小与其他省份的差距，推动数字经济的均衡发展。

4.2.2 中部地区数字经济发展指标

中部地区作为中国的重要经济区域，其数字经济发展水平不仅影响着地区的经济增长，还对全国乃至全球的数字经济发展产生重要影响。数字经济的发展不仅为中部地区的经济增长提供了新动能，而且还促进了该地区产业结构的优化和提升，尤其是对传统制造业和中小企业的数字化改造，为它们插上了腾飞的翅膀。此外，中部地区丰富的农业资源与特色农产品通过数字经济的助力，实现了农业生产的智能化、市场的广阔化，有效地促进了地区的绿色发展。

中部地区包含山西、安徽、江西、河南、湖北、湖南6个省份，这些省份的数字经济发展水平自2000年以来呈现出显著的增长趋势。从图4-2所示的数据可以看出，2000年中部地区数字经济的平均水平仅为0.02，而到了2021年，这一数字已经增长至0.41，增长了19.5倍。这一显著增长反映了中部地区在过去20多年里，数字经济的蓬勃发展以及地区内各省在积极响应国家数字化转型战略的背景下数字化建设取得的巨大成就。

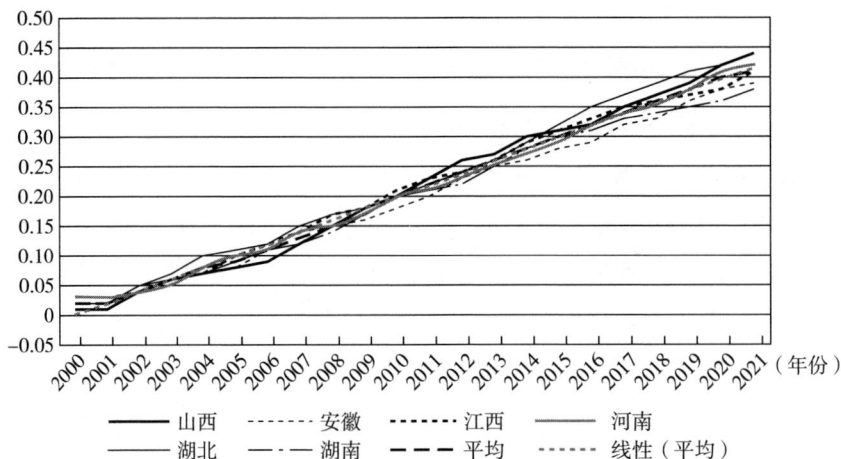

图4-2 中国中部地区数字经济发展水平趋势

虽然整体趋势向好，但分析各省份的数据还是可以发现一些差异。2000年，河南的数字经济指标仅为0.01，而山西的指标则为0.03，这表明在数字经济发展的起步阶段各省份之间就存在不小的差距。然而，随着时间的推移，各省份的差异逐渐缩小，显示出中部地区在推动数字经济平衡发展方面取得了一定成效。从2000~2021年的数据来看，山西、安徽、江西、河南、湖北、湖南6个省份的数字经济增长倍数分别为13.0倍、12.0倍、19.5倍、43.0倍、21.0倍、19.0倍，特别是河南和湖北两省，其增长速度明显快于其他省份（见表4-3）。

表4-3 中国中部地区数字经济发展水平

年份	山西	安徽	江西	河南	湖北	湖南	平均
2000	0.03	0.03	0.02	0.01	0.02	0.02	0.02
2001	0.03	0.03	0.02	0.01	0.02	0.02	0.02
2002	0.04	0.04	0.04	0.04	0.05	0.05	0.04
2003	0.05	0.06	0.06	0.06	0.07	0.06	0.06
2004	0.08	0.07	0.07	0.07	0.10	0.07	0.08

年份	山西	安徽	江西	河南	湖北	湖南	平均
2005	0.10	0.08	0.10	0.08	0.11	0.09	0.09
2006	0.11	0.11	0.12	0.09	0.12	0.11	0.11
2007	0.14	0.14	0.14	0.12	0.15	0.12	0.13
2008	0.15	0.15	0.17	0.15	0.17	0.14	0.15
2009	0.17	0.16	0.18	0.18	0.18	0.17	0.17
2010	0.20	0.18	0.21	0.20	0.20	0.20	0.20
2011	0.21	0.20	0.23	0.23	0.22	0.21	0.22
2012	0.23	0.23	0.24	0.26	0.24	0.22	0.24
2013	0.26	0.25	0.26	0.27	0.26	0.25	0.26
2014	0.27	0.26	0.29	0.30	0.29	0.28	0.28
2015	0.29	0.28	0.31	0.31	0.32	0.30	0.30
2016	0.32	0.29	0.33	0.32	0.35	0.31	0.32
2017	0.34	0.32	0.35	0.35	0.37	0.33	0.34
2018	0.35	0.33	0.36	0.37	0.39	0.34	0.36
2019	0.38	0.36	0.37	0.39	0.41	0.35	0.38
2020	0.41	0.38	0.38	0.42	0.42	0.36	0.40
2021	0.42	0.39	0.41	0.44	0.44	0.38	0.41

　　尽管中部地区的数字经济发展势头良好，但为了进一步缩小与东部地区的差距，还需要在多个方面加大努力。例如，进一步加强数字基础设施的建设，优化数字经济发展的政策环境，加大对数字技术研发和应用的投入，以及通过教育和培训提升人才的数字技能等。同时，也要充分利用中部地区在农业资源丰富方面的优势，加快推进农业数字化转型，提高农产品的市场竞争力，促进地区经济的整体提升和可持续发展。通过这些措施，中部地区的数字经济将更好地融入全国乃至全球的数字经济体系，为地区乃至国家的经济发展做出更大的贡献。

　　图 4-2 中的数据展示了山西、安徽、江西、河南、湖北、湖南 6 个省份 2000～2021 年数字经济的稳步增长。2000 年，山西和安徽以 0.03 的指标领先，显示出这两个省在数字经济发展初期的潜力，而河南以

0.01 的指标相对落后。此初期阶段的数据反映了不同省份在数字基础设施建设、产业数字化程度以及政策支持等方面的差异。

随着时间的推移，我们看到了省份间在数字经济发展上的角色转变。特别是在 2002 年，湖北和湖南以 0.05 的发展水平超越了其他省份，显示出这两省在推动数字经济发展方面的积极努力和成效。而在此之前领先的山西、安徽、江西以及河南则保持在 0.04 的水平，这可能意味着这些省份在此期间面临着数字化转型的挑战或是增长的平台期。

进入 2003 年，湖北的数字经济发展水平达到了 0.07，成为该年度的领头羊，而山西则略微落后，指标为 0.05。这一年的数据变化进一步强调了湖北在数字经济方面的快速发展势头。

到 2004 年，湖北的领先优势更加明显，其数字经济发展水平达到了 0.10，而安徽、江西、河南和湖南则以 0.07 的水平排在后面。这个阶段的数据变化凸显了湖北在数字经济发展方面的强劲动力，可能得益于该省在高新技术产业发展、数字基础设施建设等方面的重大投入和突破。

到 2020 年和 2021 年，河南和湖北两省以 0.42 和 0.44 的指标并列位于数字经济发展水平的最高值，而此时湖南以 0.36 和 0.38 的指标相对滞后。这一转变揭示了河南在后期对数字经济的大力投入和快速发展，而湖南虽然增长稳定，但增速相比其他部分省份略显不足。

从整体趋势来看，中部 6 个省份的数字经济发展虽然呈现出稳定增长的态势，但各省份之间的差异逐年变化，反映出各省份在数字经济推进策略、资源分配、产业支持等方面的不同。为了进一步促进中部地区数字经济的均衡发展，需要加大对数字基础设施的建设投入，优化数字经济发展环境，强化人才培养和技术创新，同时也要注重省际间的协同合作，共享数字经济发展成果。

4.2.3 西部地区数字经济发展指标

在中国经济高速增长的背景下，西部地区的数字经济已成为推动区域发展的关键力量。作为国家重点支持的区域发展战略之一，西部地区的数字化转型和发展在近年来取得了显著成就。虽然从整体经济发展水平来看，西部地区仍旧落后于东部和中部地区，但是在数字经济的增长潜力和创新动能方面，西部地区展现出了不容忽视的活力。深入探讨西部地区的数字经济发展对于促进中国经济区域均衡发展，以及推动国家整体经济的持续健康增长，具有极为重要的战略意义。

西部地区包括内蒙古、广西、重庆、四川、贵州、云南、陕西、甘肃、青海、宁夏、新疆 11 个省份，这些省份在数字经济方面呈现出稳步增长的趋势。根据相关数据测算，从 2000 年的 0.02 开始，到 2021 年西部地区的平均数字经济发展水平已达 0.37，实现了近 17.5 倍的增长。这一显著的增长反映了西部地区在过去 20 多年中数字经济领域的巨大进步。

详细分析图 4-3 所示的数据，可以看出西部地区各省份的数字经济发展水平逐年上升，显示出数字化建设和应用逐渐成为推动西部地区经济发展的新引擎。这一发展趋势不仅体现了国家在政策上对西部地区的重视和扶持，也反映了西部地区自身在抓住数字经济发展机遇，积极进行产业转型升级方面的努力。

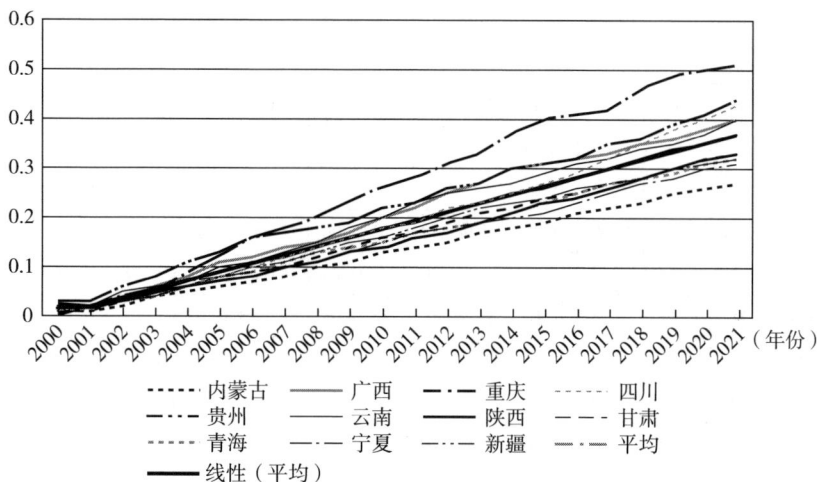

图 4-3　中国西部地区数字经济发展水平趋势

　　尽管西部地区的数字经济整体上呈现出积极的增长态势，但在细致观察各省份的数字经济发展水平时，可以发现存在明显的地区差异和发展不均衡现象。多数省份的数字经济虽然总体上保持着年度增长的趋势，却也不乏在某些年份经历波动或增长放缓的情况。以内蒙古和四川为例，2000年，两省的数字经济发展水平分别为 0.01 和 0.02，这一差异虽不大，却反映了当时两地在数字化基础设施建设、产业数字化水平以及政策支持力度上的不同。随着时间的推移，这种差距有所缩小，这一变化背后是西部地区各省份在数字经济发展上所做出的努力与成就。2000~2021 年，内蒙古、广西、重庆、四川、贵州、云南、陕西、甘肃、青海、宁夏、新疆的数字经济分别实现了 26.0 倍、19.0 倍、24.5 倍、20.5 倍、13.7 倍、19.0 倍、32.0 倍、32.0 倍、15.0 倍、14.5 倍、15.0 倍的显著增长。特别值得一提的是，陕西和甘肃以 32.0 倍的增长率领先于其他省份，这可能得益于这些省份在数字技术研发、应用推广以及数字经济生态系统构建方面的突出表现（见表 4-4）。

表 4-4　中国西部地区数字经济发展水平

年份	内蒙古	广西	重庆	四川	贵州	云南	陕西	甘肃	青海	宁夏	新疆	平均
2000	0.01	0.02	0.02	0.02	0.03	0.02	0.01	0.01	0.02	0.02	0.02	0.02
2001	0.01	0.02	0.02	0.02	0.05	0.02	0.01	0.01	0.02	0.02	0.02	0.02
2002	0.02	0.03	0.04	0.03	0.06	0.05	0.03	0.03	0.03	0.03	0.03	0.03
2003	0.04	0.06	0.05	0.05	0.08	0.06	0.04	0.04	0.04	0.04	0.05	0.05
2004	0.05	0.08	0.09	0.06	0.11	0.07	0.06	0.06	0.06	0.06	0.07	0.07
2005	0.06	0.11	0.12	0.08	0.15	0.10	0.07	0.08	0.08	0.08	0.08	0.09
2006	0.07	0.12	0.16	0.09	0.16	0.16	0.08	0.09	0.09	0.09	0.10	0.11
2007	0.08	0.14	0.18	0.12	0.17	0.13	0.10	0.10	0.11	0.10	0.11	0.12
2008	0.10	0.15	0.20	0.14	0.18	0.15	0.11	0.12	0.12	0.11	0.13	0.14
2009	0.11	0.17	0.23	0.16	0.19	0.16	0.13	0.14	0.14	0.13	0.15	0.16
2010	0.13	0.20	0.26	0.16	0.22	0.20	0.14	0.16	0.15	0.15	0.16	0.18
2011	0.14	0.22	0.28	0.19	0.23	0.23	0.16	0.17	0.17	0.17	0.18	0.19
2012	0.15	0.25	0.31	0.22	0.26	0.25	0.17	0.19	0.18	0.18	0.20	0.21

续表

年份	内蒙古	广西	重庆	四川	贵州	云南	陕西	甘肃	青海	宁夏	新疆	平均
2013	0.17	0.27	0.33	0.23	0.27	0.26	0.19	0.21	0.19	0.19	0.22	0.23
2014	0.18	0.30	0.37	0.25	0.30	0.27	0.21	0.22	0.21	0.20	0.23	0.25
2015	0.19	0.31	0.40	0.27	0.31	0.29	0.23	0.24	0.23	0.21	0.24	0.26
2016	0.21	0.32	0.41	0.29	0.32	0.31	0.24	0.25	0.25	0.23	0.26	0.28
2017	0.22	0.33	0.42	0.32	0.35	0.32	0.26	0.27	0.27	0.25	0.27	0.30
2018	0.23	0.35	0.46	0.35	0.36	0.34	0.28	0.28	0.28	0.27	0.28	0.32
2019	0.25	0.36	0.49	0.38	0.39	0.35	0.30	0.30	0.29	0.28	0.30	0.34
2020	0.26	0.38	0.50	0.41	0.41	0.37	0.32	0.32	0.31	0.30	0.31	0.35
2021	0.27	0.40	0.51	0.43	0.44	0.40	0.33	0.33	0.32	0.31	0.32	0.37

各省份之间的差异化发展，一方面反映了西部地区不同省份在地理位置、自然资源、产业基础以及政府政策等方面的多样性；另一方面也揭示了在数字经济发展过程中，一些省份能够更好地把握机遇，有效利用本地资源和优势，推动数字经济的快速发展。然而，也有些省份由于受到基础设施薄弱、人才短缺、资金不足等因素的限制，其数字经济发展速度相对较慢。

值得注意的是，西部地区在数字经济的发展过程中呈现出了一些特点。首先，部分资源丰富的省份，如内蒙古和新疆，通过数字技术的应用，加快了传统能源产业的转型升级，提升了产业效率。其次，具有独特文化和旅游资源的省份，如云南和广西，通过发展数字文化和旅游业，开拓了新的经济增长点。最后，一些省份通过发展电子商务，推动了农产品上行，助力农村经济的数字化转型。

尽管西部地区的数字经济发展取得了一定的成就，但与东部和中部地区相比，仍存在一定的差距。因此，未来西部地区在数字经济的发展中需要进一步加强数字基础设施建设，优化数字经济发展环境，加大对数字技术创新的投入，同时加强与国内外的交流合作，充分利用西部地区在自然资源、文化旅游等方面的优势，推动数字经济与实体经济的深度融合，以期实现西部地区数字经济的跨越式发展，为中国经济的均衡发展做出更大贡献。

对于西部地区而言，缩小省际间的数字经济发展差距，促进区域内部的均衡发展成为亟须解决的问题。这不仅需要地方政府加大对数字基础设施建设的投入，优化数字经济发展环境，还需要通过政策引导和支持，鼓励数字技术研发和产业创新，以及加强省际间的合作和资源共享。此外，针对不同省份的具体情况，制定差异化的发展策略，充分挖掘和利用各自的特色资源和优势，也是推动西部地区数字经济均衡发展的有效途径。

在图4-3中，我们可以清楚地看到中国西部地区包括内蒙古、广西、重庆、四川、贵州、云南、陕西、甘肃、青海、宁夏和新疆在2000～2021年数字经济的稳步增长态势。在这段时期内，这些省份的数字经济发展不仅展现出了持续增长的趋势，同时也揭示了区域内部发展的差异性和多样性。

特别是在2000年，贵州以0.03的数字经济发展水平领先，而内蒙古、陕西和甘肃则相对落后，仅为0.01。这种现象可能反映了贵州在早期便开始关注和投资于数字经济的发展，而其他一些省份则可能较晚启动。然而，进入2001年，这种状况并未发生显著变化，贵州依旧保持着相对较高的发展水平。到了2002年，情况开始出现转变，内蒙古的数字经济发展水平上升到了0.03，与贵州持平，而贵州的水平则增加到了0.06，显示出了贵州在数字经济发展上的进一步加速。这一增长可能得益于贵州在数字经济产业等方面的重点布局和政策扶持。

随着时间的推移，到了2020年，重庆以0.50的水平跃升至西部地区数字经济发展的领先地位，而内蒙古则以0.26的水平处于相对较低的位置。进入2021年，重庆的数字经济发展水平进一步提升至0.51，而内蒙古的水平也略有增长，为0.27。这一变化表明，重庆在数字经济方面的发展势头强劲，而内蒙古等省份虽然也在持续增长，但增速相对较慢。

这种发展的差异性可能与各省份在数字基础设施建设、产业政策、人才引进、技术创新等方面的不同重点和策略有关。例如，重庆作为直辖市，拥有较强的政策自主权和经济发展动力，近年来，大力推动智能化、网络化的产业转型升级，吸引了大量的投资和人才，从而促进了其数字经济的快速发展。而内蒙古、陕西和甘肃等省份，可能需要在数字基础设施的完善、产业生态的建设以及创新能力的提升等方面加大力度，以促进数字经济的进一步发展。

总的来说，中国西部地区的数字经济虽然整体上呈现出稳定增长的态势，但在具体的省份间存在着显著的差异。为了实现更加均衡和全面的发展，需要针对不同省份的实际情况，制定和实施更加精准有效的政策措施，促进数字经济的深入发展，进而为西部地区乃至全国的经济增长注入新的活力。

4.2.4　东北地区数字经济发展指标

中国东北地区作为中国的老工业基地，也在积极响应国家关于数字经济发展的号召，努力将这一新兴经济形态融入地区经济转型和升级的进程中。东北地区的数字经济发展不仅关乎地区自身的经济振兴，更对中国经济的整体转型和高质量发展具有重要的示范和带动作用。因此，对东北地区数字经济的深入分析，探索其发展的内在动力、特色优势以及面临的挑战，对于地方政府制定科学有效的政策，引导企业把握发展机遇，具有十分重要的意义。

东北地区包括辽宁、吉林和黑龙江 3 个省份，这些地区在数字经济方面的发展已经取得了显著的成绩。根据相关数据显示，从 2000 年的 0.02 起步，到 2021 年，东北地区的数字经济发展水平已经增长到了 0.36，实现了 17 倍的增长。这一成就的取得得益于东北地区在数字基础设施建设、数字产业发展以及数字创新能力等方面的不断进步和提升（见表 4-5）。

表 4-5　中国东北地区数字经济发展水平

年份	辽宁	吉林	黑龙江	平均
2000	0.01	0.03	0.02	0.02
2001	0.01	0.03	0.02	0.02

年份	辽宁	吉林	黑龙江	平均
2002	0.03	0.06	0.04	0.04
2003	0.04	0.09	0.05	0.06
2004	0.06	0.10	0.07	0.08
2005	0.07	0.11	0.09	0.09
2006	0.09	0.14	0.10	0.11
2007	0.10	0.16	0.12	0.13
2008	0.12	0.17	0.14	0.14
2009	0.13	0.19	0.15	0.16
2010	0.14	0.21	0.16	0.17
2011	0.15	0.22	0.18	0.19
2012	0.17	0.25	0.20	0.20
2013	0.18	0.27	0.22	0.22
2014	0.19	0.30	0.24	0.24
2015	0.21	0.31	0.26	0.26
2016	0.22	0.34	0.27	0.28
2017	0.23	0.35	0.29	0.29
2018	0.25	0.37	0.32	0.31
2019	0.26	0.39	0.34	0.33
2020	0.27	0.41	0.36	0.35
2021	0.28	0.43	0.37	0.36

具体来看，辽宁、吉林和黑龙江三省在数字经济的发展过程中呈现出了稳定上升的趋势。这种增长趋势体现了东北地区在过去20多年里对数字经济领域的持续投入和努力。尤其是在一些关键领域，如智能制造、大数据、云计算、物联网等，东北地区通过政策扶持和资金投入，加快了产业结构的数字化转型，提高了地区经济的整体竞争力。值得关注的是，吉林在这一群体中表现出了尤为显著的增长势头，特别是自2003年以来，其数字经济的增长速度明显加快，这可能与当地政府对数字经济领域的重点投资和政策支持密不可分。吉林通过积极推动数字技术在汽车制造、农

业、旅游等传统优势行业的应用，有效促进了产业升级和经济结构的优化，从而带动了数字经济的快速增长。辽宁尽管在 2000 年时数字经济发展水平相对较低，但凭借其在重工业和装备制造业方面的传统优势，通过加快数字化改造和智能化升级，其数字经济增长速度逐年提升，并保持了稳定的增长态势。辽宁的努力在于将数字经济与制造业深度融合，推动了产业转型，特别是在沈阳、大连等城市，数字技术与传统工业的结合为地区经济的转型提供了新动力。相比之下，黑龙江的数字经济发展水平始终处于三省的中间位置，但也展现出了稳健的增长趋势。黑龙江利用其在农业资源丰富的特点，大力发展数字农业，通过引入智能化农业设备和技术，提高了农业生产效率和产品附加值。此外，黑龙江在旅游、文化等领域通过数字化创新，也为其数字经济增长提供了新的增长点。

从年度增长率来看，三省份的数字经济发展均呈现出相似的逐年上升趋势，尤其是在 2010 年之后，随着互联网、移动通信、云计算等数字技术的广泛应用和发展，三省的数字经济增长速度显得更加明显。到了 2021 年，吉林以 0.43 的指标值领先，显示出其数字经济发展的强劲势头。尽管辽宁以 0.28 的指标值在三省中相对较低，但其稳定的增长趋势表明了辽宁在数字经济发展上的持续努力和潜力。

然而，尽管东北地区的数字经济发展整体上呈现出积极态势，但与全国其他地区相比，仍然存在一定的差距和不足。例如，数字经济的产业基础相对薄弱，高技能数字人才缺乏，创新能力有待加强等。这些问题的存在，在一定程度上制约了东北地区数字经济发展的速度和质量。为此，面对新一轮科技革命和产业变革的机遇与挑战，吉林、辽宁和黑龙江需进一步发挥各自优势，深化数字经济领域的改革和创新，推动地区数字经济的高质量发展。三省之间的合作也应进一步加强，共享资源、互补优势，共同推动东北地区数字经济的整体提升和区域经济的振兴。

由图 4-4 可知，辽宁、吉林、黑龙江三省 2000~2021 年数字经济实现了稳定增长。这一时期，辽宁以其较高的数字经济发展水平和相对较小的波动率，在东北地区始终处于领先地位。辽宁的数字经济优势得益于其在工业和技术基础较为雄厚,尤其是沈阳、大连等城市的数字化转型取得显著成效,有效推动了全省数字经济的整体提升。吉林的数字经济虽然起步较晚,但近年来发展迅速,特别是自 2012 年以后,其发展速度明显加快,逐步缩小与辽宁的差距。这一转变反映了吉林在加强数字基础设施建设,促进汽车、农业等传统优势产业的数字化升级,以及在创新创业环境建设上取得的实质性进展。黑龙江的数字经济虽然在东北三省中相对较低,但从 2014 年开始,其增长势头逐渐加快,表现出良好的发展潜力。这一改变主要得益于黑龙江在促进农业现代化、发展冰雪经济、推进跨境电子商务等方面的积极探索和实践。

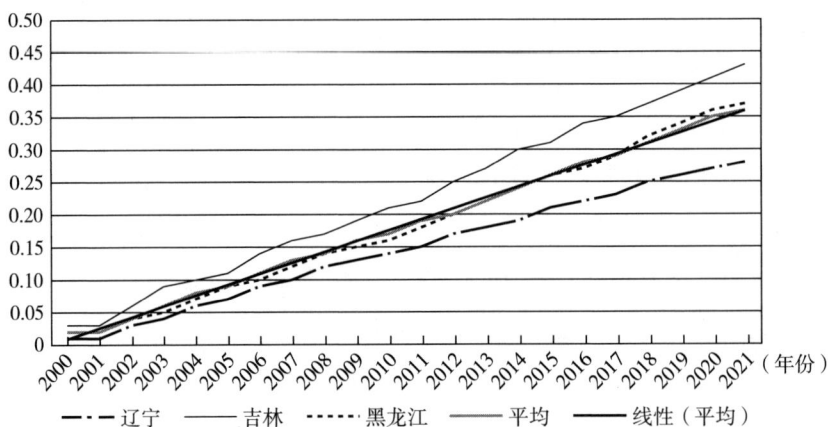

图 4-4　中国东北地区数字经济发展水平趋势

　　总体而言,东北地区的数字经济虽然在全国范围内处于中等偏上的水平,但与发展最为迅速的东部沿海地区相比,仍有较大差距。未来,东北地区要想实现数字经济的跨越式发展,就必须进一步加强数字基础设施的全面建设,推动各主导产业尤其是制造业的数字化转型和升级。此外,促进数字技术与实体经济的深度融合,如通过智能制造、数字农业等应用创新,将是提升区域经济竞争力的关键。同时,东北地区亦需积极拓展与国内外其他先进地区的交流合作,借鉴和引进先进的数字经济发展经验和模式。通过加强人才培养和引进，建设更加开放包容的创新生态，探索出符合自身特色的数字经济发展新路径。

4.2.5　区域数字经济发展比较

图 4-5 展示了中国东部、西部、中部以及东北四个主要地区数字经济发展水平的对比情况。其中，东部地区以其明显的领先优势和强劲的增长势头，凸显了该地区在中国数字经济发展中的主导地位。这一领先地位的形成，与东部地区较为成熟的经济体系、良好的基础设施建设以及政府在政策层面上的有力支持密切相关。东部沿海地区的城市群，如珠三角、长三角和京津冀地区，不仅拥有先进的信息通信技术基础设施，而且集聚了大量的高新技术企业和人才，为数字经济的发展提供了丰富的资源和动力。

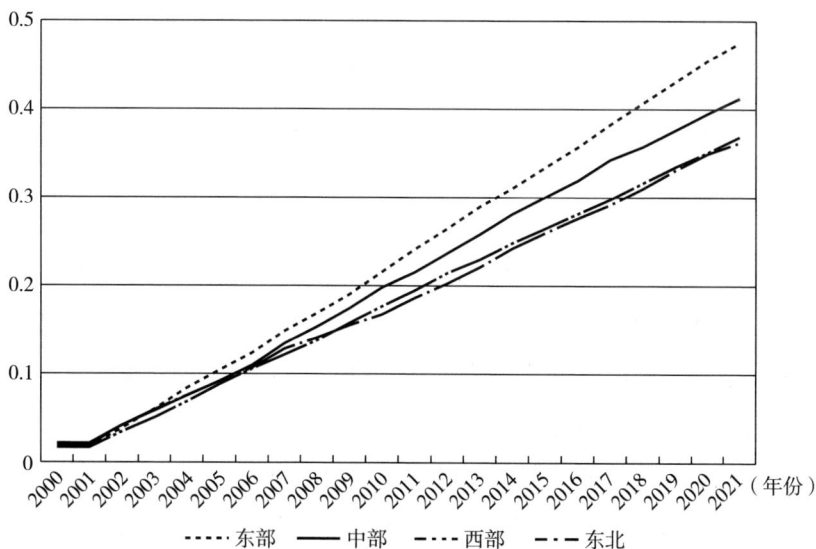

图 4-5　2000~2021 年中国四大区域数字经济发展比较

西部地区的数字经济虽然起点较低，但自 2010 年以来，其增长趋势显著加速，这一变化在很大程度上得益于国家实施的西部大开发战略以及相关的区域促进政策。通过加大对西部地区的基础设施建设、优惠税收政策和资金支持，西部地区的数字经济环境得到了显著改善，数字产业开始快速发展，尤其是在云计算、大数据、智慧城市等领域，西部地区正在逐步构建起自己的数字经济优势。

中部地区虽然在数字经济发展水平上略低于东部地区，但也表现出了稳定而坚实的增长势头。得益于良好的地理位置和丰富的自然资源，中部地区在推动传统产业数字化改造和促进新兴数字产业发展方面取得了一定成效，数字经济成为该地区经济转型和升级的重要驱动力。

东北地区作为中国的传统工业基地，尽管在数字经济的起步阶段增长速度较慢，但近年来也展现出一定的增长势头。这一变化与国家针对东北地区的振兴政策和该地区在经济结构调整、推动老工业基地转型升级方面的努力密切相关。通过加大对创新资源的投入和优化营商环境，东北地区正在逐步克服困难，激发数字经济发展的新动能。

自 2010 年以来，随着中国加快信息化和数字化进程，全国各地区的数字经济增长速度均有显著加快。特别值得注意的是西部地区，在这一时期内，其数字经济增长速度不仅显著提升，有时甚至接近或超越了经济更为发达的东部地区。这一变化主要得益于政府在过去十余年对西部地区的数字基础设施建设和信息化推进方面的大力投资和政策支持。这些措施极大地促进了西部地区的数字化转型和升级，使其在电子商务、智慧城市建设、数字农业等领域取得了显著成就。例如，一些西部省份通过发展跨境电商，打开了农产品等传统产业的国际市场，提升了产业的附加值和竞争力；智慧城市建设的推进则有效提高了城市管理的效率和居民的生活质量。此外，西部地区的数字经济增长也得益于其独特的地理和资源优势。例如，贵州凭借其良好的自然环境和低廉的电力资源，成功吸引了大量的数据中心建设，成为国内重要的大数据产业基地。青海、新疆等地区则利用丰富的太阳能和风能资源，发展绿色能源，并通过数字技术实现了能源的高效利用和管理。

尽管中部、西部和东北地区的数字经济发展在 2010 年后取得了显著进步，但在一些关键领域和高端技术应用上，东部地区仍然占据领先优势。未来，中部、西部和东北地区要持续巩固数字基础设施建设的成果，加强与东部地区的合作交流，引进先进技术和管理经验，同时培养和吸引数字经济领域的人才，进一步释放数字经济的增长潜力，为实现高质量发展提供强有力的支撑。

4.3　碳排放测算方法

参照《中国能源统计年鉴》的计算方法，碳排放的计算公式为：

$$CE_i = \sum_j AD_{ij} \times NCV_j \times CC_j \times O_{ij} \tag{4-1}$$

其中，CE_i 表示部门 i 的碳排放总量；AD_{ij} 表示部门 i 消耗的化石燃料 j 的数量；NCV_j 表示化石燃料 j 的净热值，即化石燃料燃烧时每物理单位产生的热值；CC_j 表示化石燃料 j 产生的每净热值的碳排放量；O_{ij} 表示氧化效率，即化石燃料燃烧时的氧化比率。将各产业部门的碳排放量加总，即得到各省份的碳排放总量。具体的化石燃料类型和排放因子可参见 Shan 等（2018）的研究。

4.4　中国各省份碳排放强度的描述性分析

降低碳排放强度对于中国是一项关键的战略决策，旨在应对全球气候变化，推动经济可持续发展，改善环境质量，并提升国家的国际竞争力。作为全球最大的碳排放国，中国减少每单位 GDP 的碳排放量对减缓气候变化具有重要影响。转向低碳经济不仅满足了绿色发展的市场需求，还有助于中国在国际经济竞争中占据优势。通过提高能效和采用清洁能源，国内环境质量得以改善，公民健康状况提升。这一转型与中国高质量发展的目标相契合，促进了经济结构的优化升级，实现了经济增长与环境保护的协同增效。因此，降低碳排放强度是中国走向绿色发展、构建生态文明的必由之路。

4.4.1 东部地区碳排放量和碳排放强度

中国东部地区拥有密集的工业活动、高速度的城市化进程以及庞大的能源消耗体量。因此，对其碳排放进行严格监测和分析对于实现国家减排目标至关重要。随着国家对气候变化承诺的加深，东部地区在降低碳排放强度、优化能源结构和提升绿色发展水平方面的作用日益凸显。

表4-6的数据显示了东部地区的碳排放量（CE，万吨）和碳排放强度（CI，吨/万元）。可以看出，中国东部地区在过去20多年里碳排放强度呈现出逐步下降的趋势。这一趋势从2000年的平均碳排放强度2.45吨/万元下降至2021年的1.1147吨/万元，体现了东部地区在提升经济效益的同时有效地控制了碳排放增长，展现了其在绿色发展和低碳经济方面取得的显著成果。

表4-6 东部地区碳排放量和碳排放强度

单位：万吨，吨/万元

省份	2000年		2005年		2010年		2015年		2021年	
	CE	CI	CE	CI	CE	CI	CE	CI	CE	CI
北京	6347	2.01	9537	1.71	9684	1.02	8339	0.61	6699	0.35
天津	6695	3.93	8959	2.74	13429	1.95	13511	1.09	14101	0.86
河北	25793	5.11	40893	4.76	56937	3.82	63937	2.86	57936	1.81
上海	10066	2.11	14232	1.70	16142	1.14	16165	0.80	16129	0.56
江苏	21626	2.53	38671	2.46	54629	1.84	63416	1.35	66922	0.97
浙江	10016	1.63	26735	2.36	37577	1.90	38150	1.30	52601	1.20
福建	5400	1.43	9937	1.58	17964	1.52	23447	1.19	31454	1.05
山东	26142	3.14	66184	4.29	92912	3.25	105218	2.35	126757	1.95

省份	2000 年		2005 年		2010 年		2015 年		2021 年	
	CE	CI	CE	CI	CE	CI	CE	CI	CE	CI
广东	18214	1.70	27217	1.36	44506	1.25	49795	0.93	66962	0.86
海南	479	0.91	755	0.89	4491	2.84	6535	2.63	6840	1.86

图 4-6 则具体呈现了北京、天津、河北、上海、江苏、浙江、福建、山东、广东、海南 10 个省份的碳排放强度变化情况。北京的表现尤为突出，其碳排放强度从 2000 年的 2.01 吨/万元大幅降低至 2021 年的 0.35 吨/万元，这一显著降低与北京市经济的高质量发展密切相关，特别是在服务业、高新技术产业的快速发展和能效提升方面取得了重要进展。天津虽然碳排放总量有所增加，但碳排放强度也实现了显著下降，从 2000 年的 3.93 吨/万元降至 2021 年的 0.86 吨/万元，反映了天津在产业结构调整和能源结构优化方面的成效。

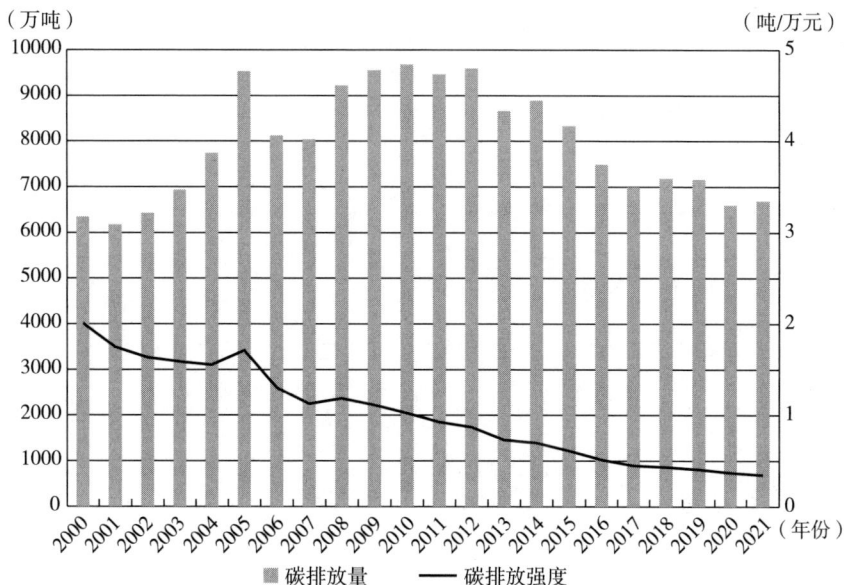

（1）北京

图 4-6　2000～2021 年东部地区碳排放量和碳排放强度变化趋势

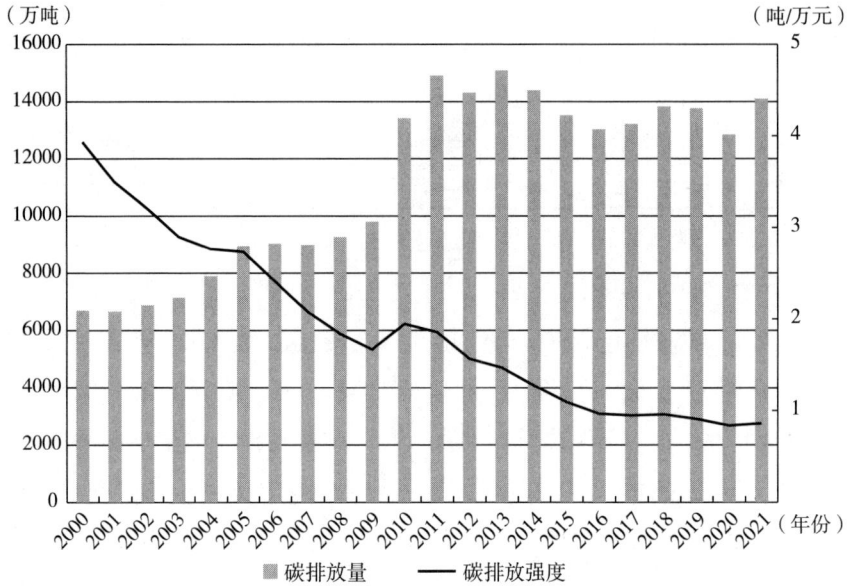

（2）天津

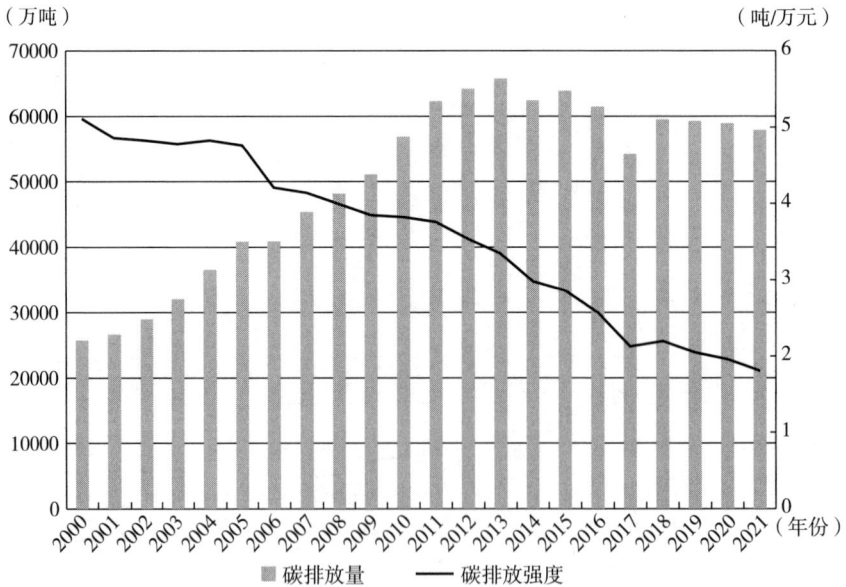

（3）河北

图 4-6　2000~2021 年东部地区碳排放量和碳排放强度变化趋势（续）

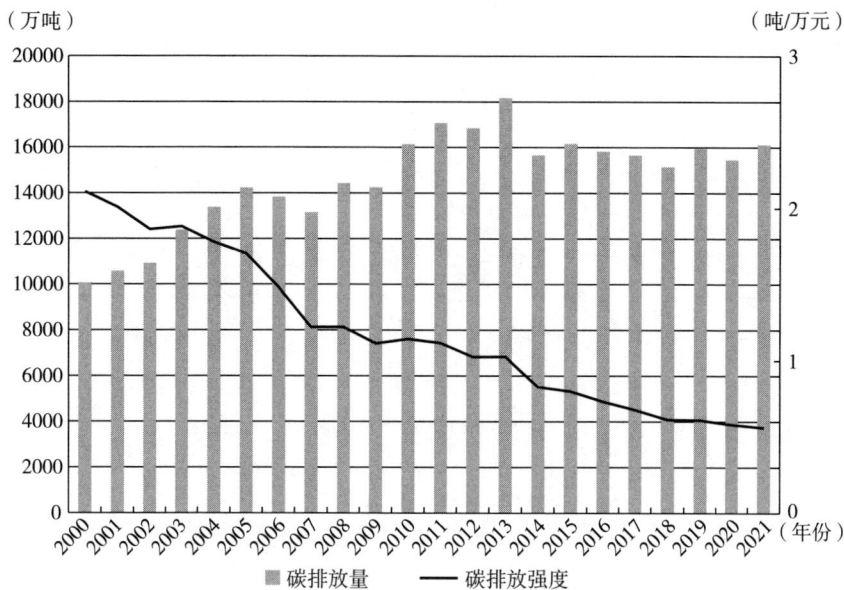

（4）上海

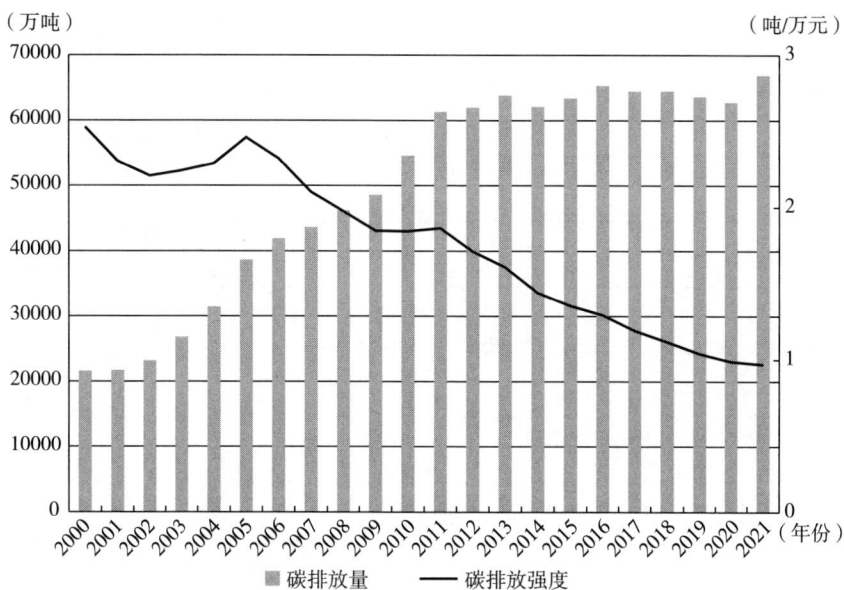

（5）江苏

图 4-6　2000~2021 年东部地区碳排放量和碳排放强度变化趋势（续）

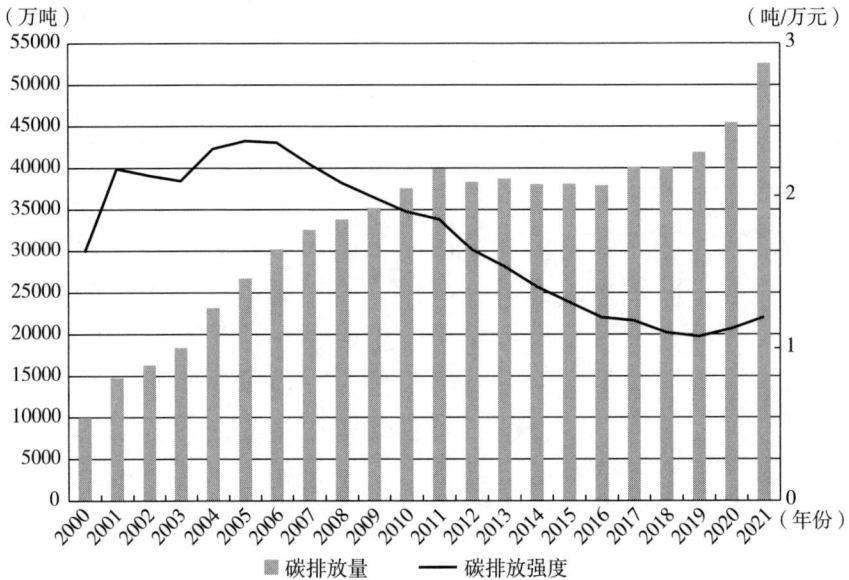

（6）浙江

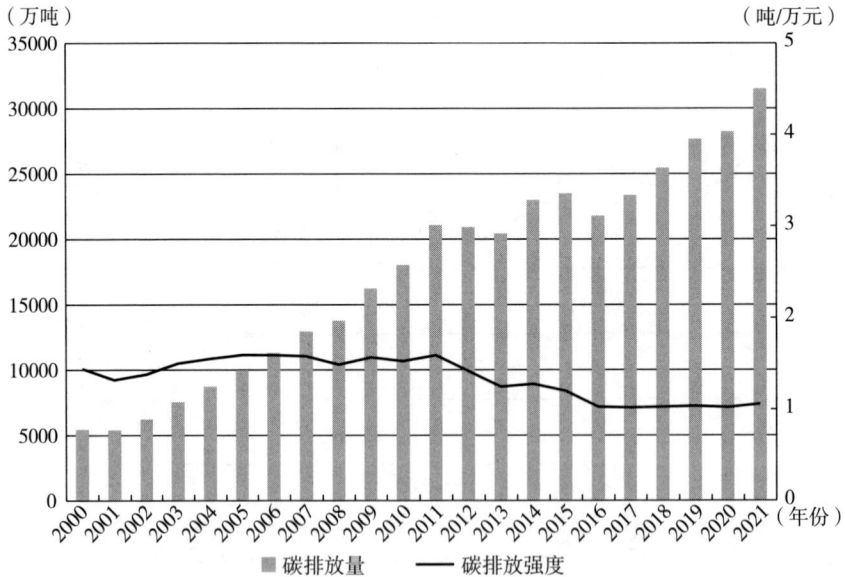

（7）福建

图4-6　2000~2021年东部地区碳排放量和碳排放强度变化趋势（续）

（万吨）　　　　　　　　　　　　　　　　　　　　　（吨/万元）

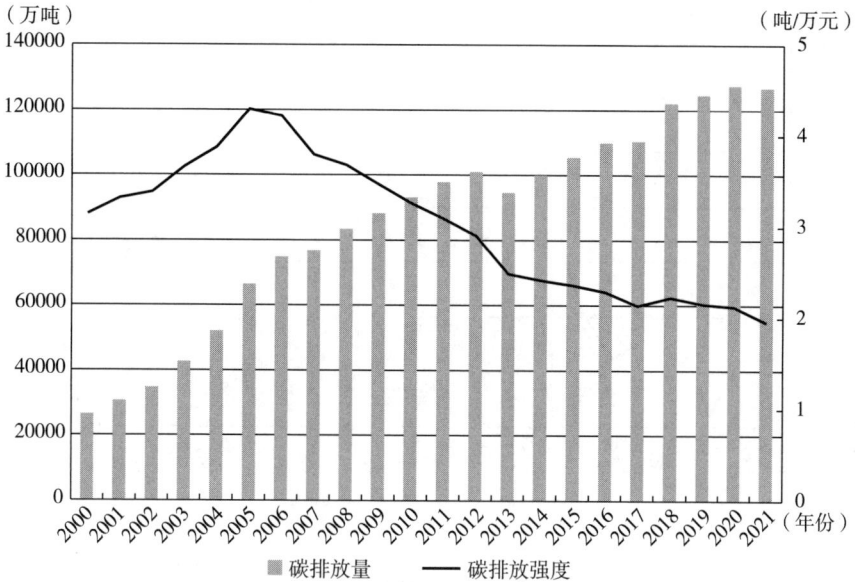

（8）山东

（万吨）　　　　　　　　　　　　　　　　　　　　　（吨/万元）

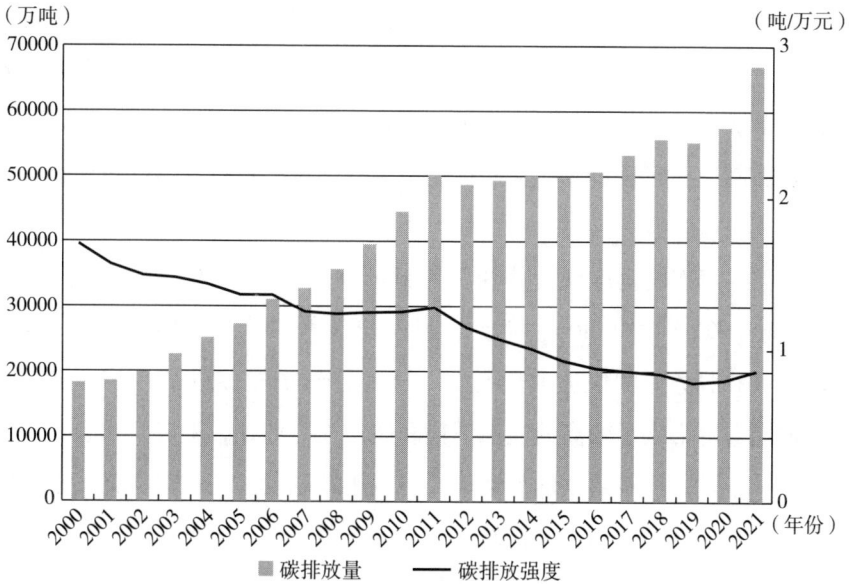

（9）广东

图 4-6　2000~2021 年东部地区碳排放量和碳排放强度变化趋势（续）

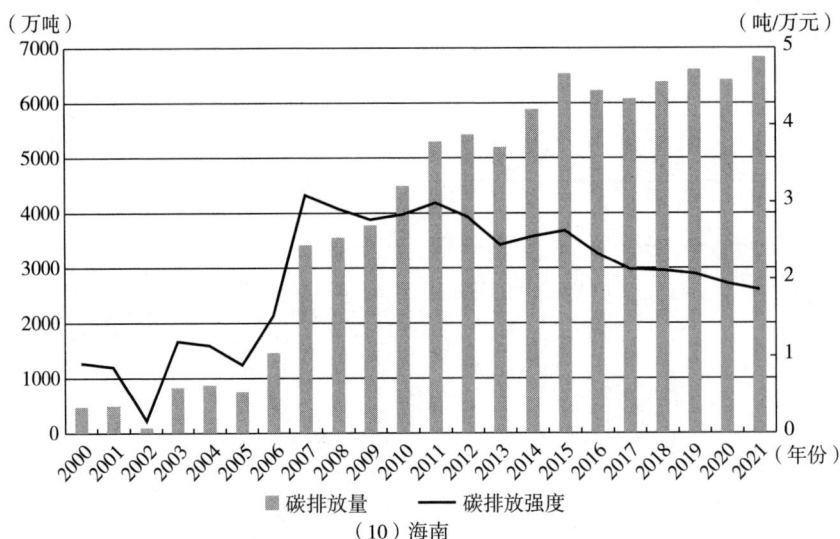

（10）海南

图 4-6 2000~2021 年东部地区碳排放量和碳排放强度变化趋势（续）

其他省份如河北、上海、江苏、浙江、福建、山东、广东虽然碳排放总量均有所增长，但碳排放强度均实现了显著降低。这一现象说明这些省份在推动经济增长的同时，也致力于提高能源利用效率和发展清洁能源，尤其是在制造业、建筑业和交通运输等能源消耗大户行业的绿色转型方面取得了积极成效。

然而，海南的情况较为特殊，其碳排放强度从 2000 年的 0.91 吨/万元增加至 2021 年的 1.86 吨/万元，显示出显著的上升趋势。这可能与海南旅游业和服务业的快速发展有关，这些行业虽然促进了地区经济的增长，但同时也带来了较高的能源消耗和碳排放。此外，随着海南自由贸易港政策的推进，经济活动的加速增长导致了基础设施建设等方面的能源需求急剧上升，从而推高了碳排放强度。

总的来看，东部地区在降低碳排放强度方面取得了积极成果，但仍需面对不同省份发展不平衡的挑战。未来，东部地区需要继续加强能效提升、清洁能源应用和产业绿色转型等方面的努力，同时注重区域间的协调发展，以实现碳排放总量控制和碳排放强度进一步降低的目标，为全国乃至全球的气候变化应对作出更大贡献。

4.4.2　中部地区碳排放量和碳排放强度

中国中部地区作为连接东西部的重要经济带，其碳排放态势对实现国家减排目标具有独特而重要的意义。中部地区正处于加速工业化与城镇化的关键阶段，随着经济活力的增强，能源需求和碳排放量亦显著增长。

表 4-7 汇报了中部地区的碳排放量和碳排放强度。总体来看，中部地区的碳排放强度在逐步微幅增加，碳排放强度 CI 从 2000 年的 3.345吨/万元增加到 2021 年的 3.908 吨/万元。可能的原因是随着中部地区经济经济结构中碳排放量大的产业占主导地位，随着经济快速增长，特别是在工业化和城镇化进程中，能源需求显著增加。首先，中部地区的工业部门，尤其是高能耗的重工业和制造业，在经济发展中占据重要地位，这些行业通常依赖于煤炭等高碳能源，从而导致碳排放量的增加。其次，中部地区的能源结构问题也是导致碳排放强度增加的关键因素。尽管有清洁能源和可再生能源的使用，但煤炭在能源结构中仍占主导地位，这直接影响了碳排放的水平。此外，能源利用效率的不足，如老旧的工业设备和技术，也加剧了碳排放问题。再次，中部地区在基础设施建设和城市扩张方面的快速发展也导致能源消耗和碳排放的增加。随着城市化进程的加快，交通运输、建筑业和其他城市服务的能源需求也随之增长，进一步推高了碳排放强度。最后，环境政策的执行力度和公众环保意识也是影响中部地区碳排放强度的因素。如果相关的环保政策和法规执行不力，或者公众对节能减排意识不足，都可能导致碳排放控制不力。

表 4-7　中部地区碳排放量和碳排放强度

单位：万吨，吨/万元

省份	2000 年		2005 年		2010 年		2015 年		2021 年	
	CE	CI	CE	CI	CE	CI	CE	CI	CE	CI
山西	8794	4.76	29647	8.67	65405	11.33	147450	17.44	209979	17.34

省份	2000 年		2005 年		2010 年		2015 年		2021 年	
	CE	CI	CE	CI	CE	CI	CE	CI	CE	CI
安徽	12250	4.22	17164	3.58	28290	3.14	39285	2.62	41506	1.79
江西	5151	2.57	9032	2.60	13419	2.08	17041	1.61	18924	1.13
河南	14053	2.78	34333	3.96	57313	3.62	53707	2.14	47474	1.31
湖北	12786	3.61	16784	2.91	27961	2.55	25288	1.39	28695	1.09
湖南	7579	2.13	16721	2.89	23170	2.09	25052	1.38	21803	0.79

此外，产业转移也是其中的一个重要原因。东部地区作为中国经济最发达的区域之一，随着经济的快速增长和产业结构的升级，逐渐将环境污染较重的制造业和低端产业向中部和西部地区转移。这一过程既是为了减轻东部地区的环境压力，也是为了推动中西部地区的经济发展。然而，这种产业转移并非没有代价，中部地区因其地理位置优势和较低的生产成本，成为接受这些转移产业的主要地区之一，从而导致该地区的环境压力增大，碳排放强度出现微幅上升。与中部地区相比，西部地区由于地理位置较远，受到东部地区产业转移的影响较小，承接的污染性企业数量相对较少。产业转移给中部地区带来了短期的经济增长和就业机会，但也带来了环境污染和生态破坏等长期问题。污染性企业的转移可能加剧了中部地区的空气、水和土壤污染，对当地居民的健康产生负面影响。此外，依赖低端制造业的经济增长模式可能会阻碍中部地区产业结构的优化和升级，影响其可持续发展能力。因此，对于中部地区来说，面对东部地区高污染或低端产业的转移，需要在促进经济发展的同时，重视环境保护和产业升级。这要求中部地区政府在吸引投资和企业入驻时，更加注重环境标准和产业质量，鼓励和引导企业采用清洁生产技术，提高资源利用效率，减少污染排放。同时，中部地区也应加强与东部地区的产业协作和技术交流，通过引进先进的技术和管理经验，推动本地产业的转型升级，实现经济增长和环境保护的双赢。

此外，中部地区还需要完善相关的环境监管和政策支持体系，通过制定更加严格的环保标准和法规，加大对违规企业的惩处力度，以确保产业转移不会以牺牲环境质量为代价。通过这些措施，中部地区可以在接受东部地区产业转移的同时，有效控制碳排放强度的增长，促进经济和环境的可持续发展。

图 4-7 反映了中部地区山西、安徽、江西、河南、湖北、湖南 6 个省份的碳排放量与碳排放强度趋势。在中部地区，山西的碳排放强度增长尤为显著，由 2000 年的 4.76 吨/万元增加到 2021 年的 17.34 吨/万元，显示出一种独特的增长模式。山西作为中国的传统能源重镇，其经济结构主要依赖于煤炭开采和重工业，这些行业天然属于高能耗和高排放性质。煤炭作为山西能源消费的主体，其大规模开采和使用直接导致了碳排放量的激增。随着该省经济的持续扩张和工业化的加速，煤炭消费量不断攀升，进一步推高了碳排放强度。此外，山西省作为全国的能源供应基地，不仅要满足本地的能源需求，还要向全国其他省份输送能源，这种以煤炭为中心的能源生产和消费模式加剧了碳排放的问题。尽管近年来山西积极推进能源结构的调整和产业的绿色转型，但在这一转型过程中遇到的技术、资本和政策挑战仍不容小觑，导致碳排放强度降低的步伐放缓。

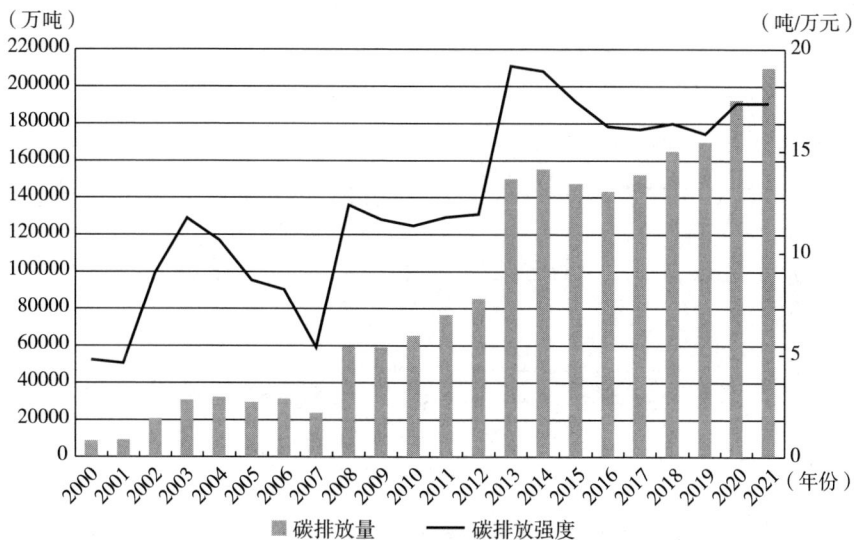

（1）山西

图 4-7　2000~2021 年中部地区碳排放量和碳排放强度变化趋势

（万吨）（吨/万元）

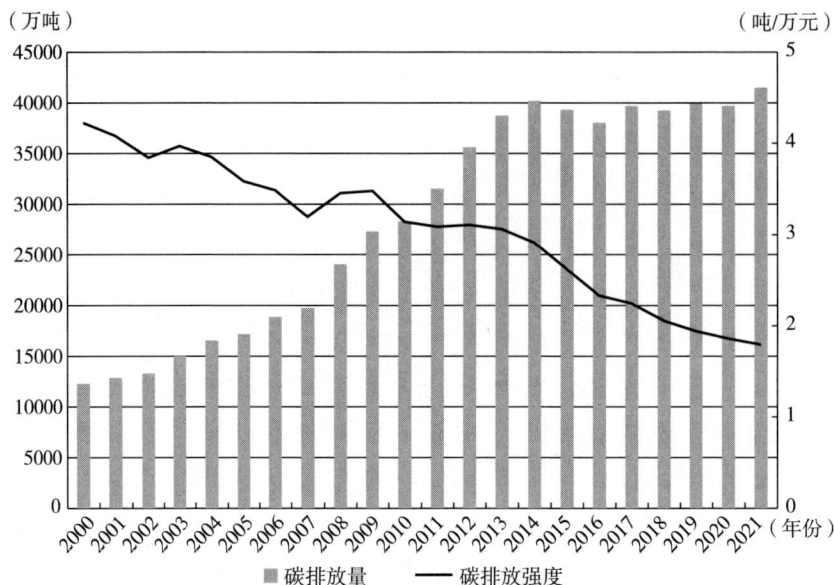

（2）安徽

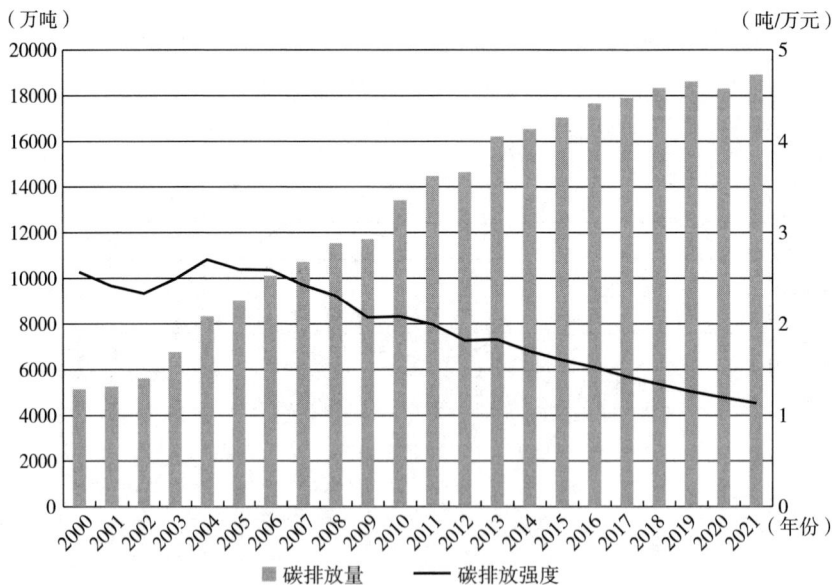

（3）江西

图 4-7　2000~2021 年中部地区碳排放量和碳排放强度变化趋势（续）

（万吨）   （吨/万元）

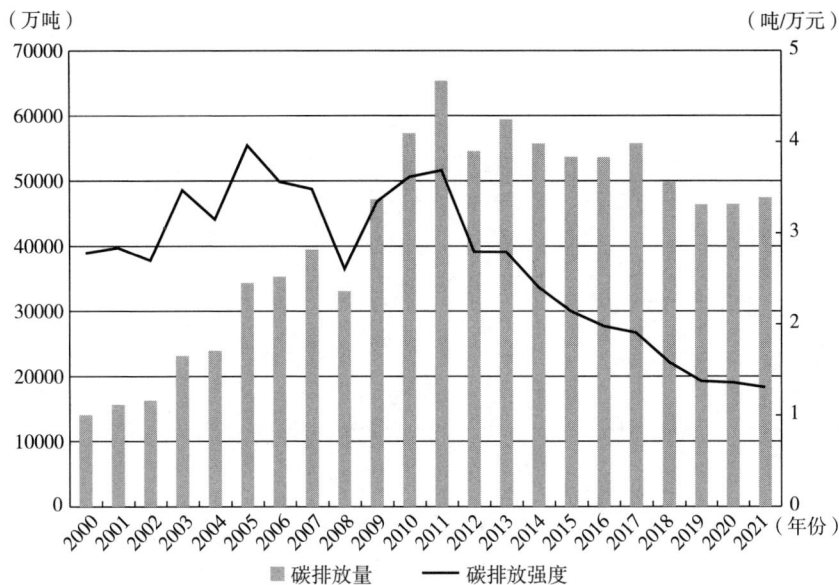

■ 碳排放量 ── 碳排放强度

（4）河南

（万吨）   （吨/万元）

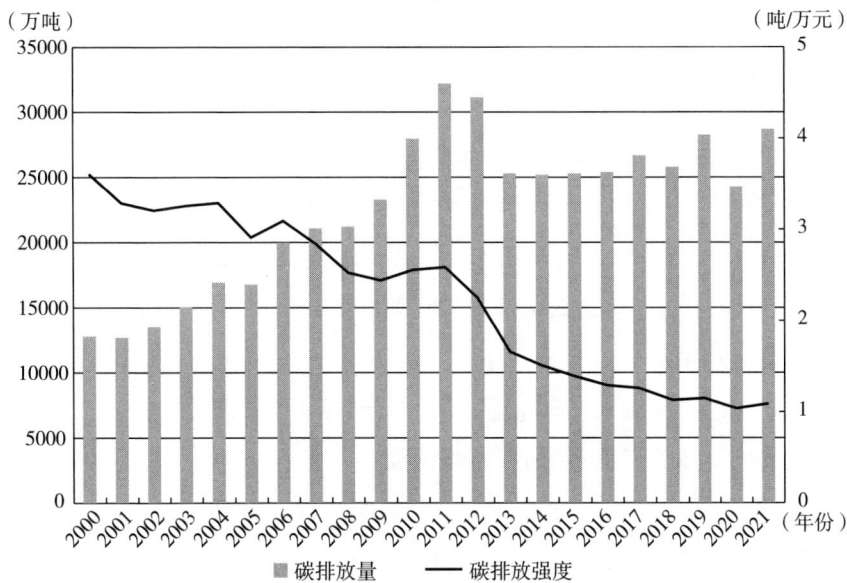

■ 碳排放量 ── 碳排放强度

（5）湖北

图 4-7 2000~2021 年中部地区碳排放量和碳排放强度变化趋势（续）

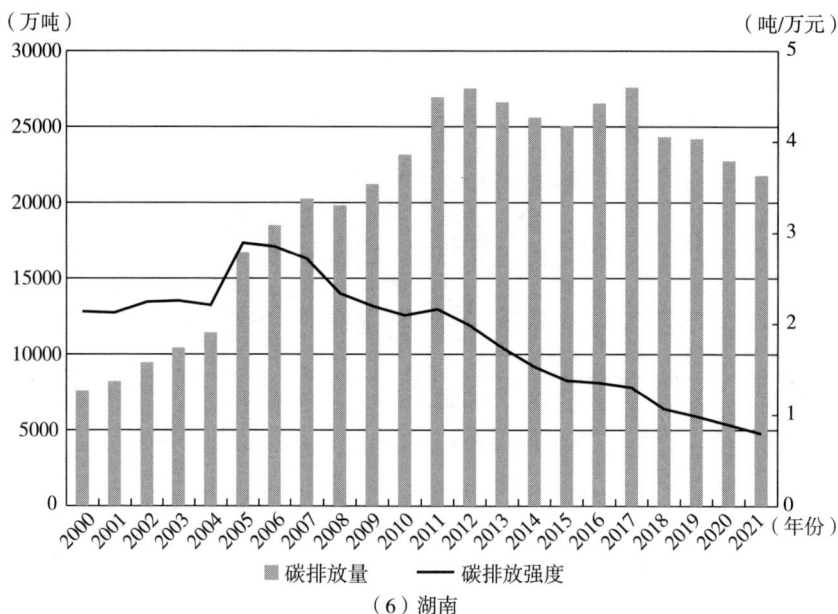

（6）湖南

图 4-7 2000~2021 年中部地区碳排放量和碳排放强度变化趋势（续）

与山西相比，安徽和江西省的情况则有所不同。这两个省份虽然碳排放总量随着经济的增长而上升，但碳排放强度却实现了明显的降低，分别从 2000 年的 4.22 吨/万元和 2.57 吨/万元降至 2021 年的 1.79 吨/万元和 1.13 吨/万元。这一变化表明安徽和江西在推动经济增长的同时，更加注重提升能效和采用清洁能源，有效控制了碳排放的增长。通过推进工业节能减排、发展新能源和可再生能源，以及加强环境治理等措施，这两个省份成功降低了单位经济产出的碳排放量。

河南、湖北和湖南三省在碳排放总量上同样表现出增长趋势，但其碳排放强度也有了显著的下降。这一现象说明，尽管这些省份的经济规模不断扩大，产业活动日益频繁，但通过实施绿色低碳发展战略、优化产业结构和提高能源利用效率等措施，有效减少了每单位 GDP 的碳排放量，展现出了向低碳经济转型的积极努力和明显成效。

总体来看，中部地区的碳排放强度虽然存在地区间的差异，但整体趋势向好的方向发展，特别是在碳排放强度的降低上取得了明显进步。这些变化反映出中部地区在坚持经济增长的同时，也在积极响应国家的绿色发展和碳减排目标，通过一系列政策和措施推动能源结构和产业结构的优化，加快了向低碳经济的转型步伐。

4.4.3　西部地区碳排放量和碳排放强度

中国西部地区的碳排放问题在国家环境保护和气候变化应对策略中占据了重要位置。西部地区拥有广阔的地理空间、丰富的自然资源和巨大的发展潜力，但同时也面临着生态脆弱、经济发展不平衡和能源结构以煤炭为主等挑战。在这一背景下，深入分析和理解西部地区的碳排放特点及其变化趋势，对于指导该地区可持续发展战略具有重要意义。

表 4-8 汇报了西部地区的碳排放量和碳排放强度。总体来看，西部地区的碳排放强度在微幅降低，碳排放强度从 2000 年的 4.20 吨/万元降低到 2021 年的 4.00 吨/万元。可能的原因是西部地区在近年来积极推进能源结构的调整。首先，传统以煤炭为主的能源结构逐渐向清洁能源转变，如水电、太阳能和风能等可再生能源的开发和利用。这种能源结构的转型显著降低了碳排放强度，尤其在拥有丰富水电和太阳能资源的地区效果更为明显。其次，西部地区经济发展模式的转变也是一个重要因素。随着国家对西部大开发政策的持续推进，该地区的产业结构正在从传统的重工业和能源密集型产业向高科技、服务业和轻工业等低碳产业转型。这种产业结构的优化改善了能源效率，减少了单位经济产出的碳排放。最后，西部地区还强化了环境保护政策和法规的实施，加大了对违反环保规定企业的处罚力度。同时，提高了公众的环保意识和参与度，形成了良好的社会氛围，促进了绿色生活方式的普及。国家层面的政策支持和投资也在西部地区碳排放强度减少中发挥了重要作用。例如，政府在清洁能源、节能减排技术和绿色基础设施建设等方面的投入，为该地区的低碳转型提供了资金和技术支持。

表 4-8　西部地区碳排放量和碳排放强度

单位：万吨，吨/万元

省份	2000 年		2005 年		2010 年		2015 年		2021 年	
	CE	CI	CE	CI	CE	CI	CE	CI	CE	CI
内蒙古	11087	7.20	24657	7.27	56250	7.44	75380	6.19	103409	6.46
广西	4748	2.28	7055	2.03	13428	2.02	17323	1.61	23925	2.20
重庆	6060	3.38	7328	2.44	13838	2.30	13919	1.27	12233	0.73
四川	10404	2.65	15939	2.39	28357	2.24	25358	1.20	26888	0.84
贵州	6125	5.95	14413	8.61	24676	8.24	32757	6.07	29544	3.37
云南	5353	2.66	12456	4.03	17626	3.26	17865	1.95	10356.4	0.72
陕西	6854	3.80	21733	6.95	30825	4.98	52936	5.07	57186.6	3.78
甘肃	7074	6.72	10451	5.96	14509	4.87	17658	3.59	21151.7	3.08
青海	1255	4.76	2112	4.54	3714	4.35	4405	3.09	4598.73	2.28
宁夏	81	0.27	7403	14.88	15154	16.80	19338	13.39	28351.7	13.36
新疆	8933	6.55	13244	6.02	24082	6.62	37909	6.25	63203.5	7.22

　　图 4-8 描绘了中国西部地区 11 个省份的碳排放强度变化趋势，其中包括内蒙古、广西、重庆、四川、贵州、云南、陕西、甘肃、青海、宁夏和新疆。综合观察这些数据，可以发现大多数省份的碳排放总量虽然在增加，但碳排放强度却呈现出下降的趋势，这表明西部地区在实现经济增长的同时，也在逐步提高能源使用效率，减少每单位经济产出的碳排放量。然而，新疆和宁夏两个省份的情况则有所不同，它们不仅碳排放总量增加，碳排放强度也有所上升，这一现象与它们特定的经济结构和能源布局紧密相关。新疆和宁夏作为中国西部的重要能源基地，拥有丰富的自然资源，特别是煤炭、石油和天然气资源。这些地区的经济增长在很大程度上依赖于能源和资源的开采、加工和出口，尤其是煤炭和石化行业。这些行业通常具有较高的能源消耗和碳排放特性。随着这些行业的规模扩张和产能增加，新疆和宁夏的碳排放总量及碳排放强度自然而然地呈现上升趋

势。此外，新疆和宁夏的快速工业化和城镇化进程同样导致了能源需求的大幅增长。包括制造业、建筑业、居民生活和交通运输在内的多个领域的能源消耗均呈现上升趋势，而这些领域的能源供应主要依赖于煤炭等化石能源，从而加剧了碳排放的压力。尽管新疆和宁夏在风能和太阳能等可再生能源领域拥有巨大潜力，但这些清洁能源的开发和利用尚未达到足以影响能源结构的规模，使得这两个地区在能源结构优化和低碳转型方面的步伐相对缓慢。新疆和宁夏碳排放强度的增加反映了这两个地区在经济发展过程中面临的挑战，包括依赖于能源密集型行业的增长模式、不断增长的能源需求、缓慢的能源结构转型以及环境政策执行中的难题。为了应对这些挑战，有效降低碳排放强度，这些地区需要采取一系列综合措施，如加快清洁能源的开发和应用，提高能源效率，加强环境政策的制定和执行，并鼓励低碳技术的创新和推广。

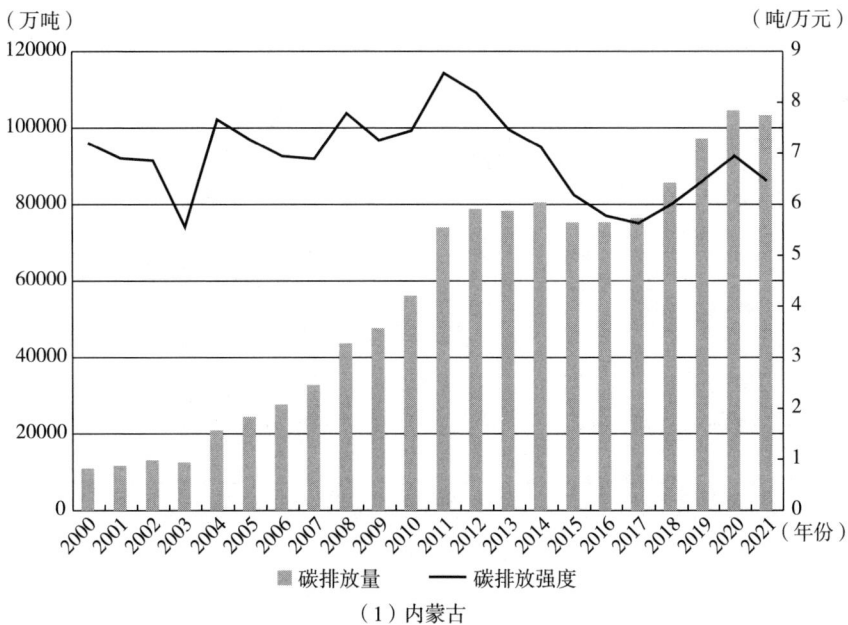

（1）内蒙古

图 4-8 2000~2021 年西部地区碳排放量和碳排放强度变化趋势

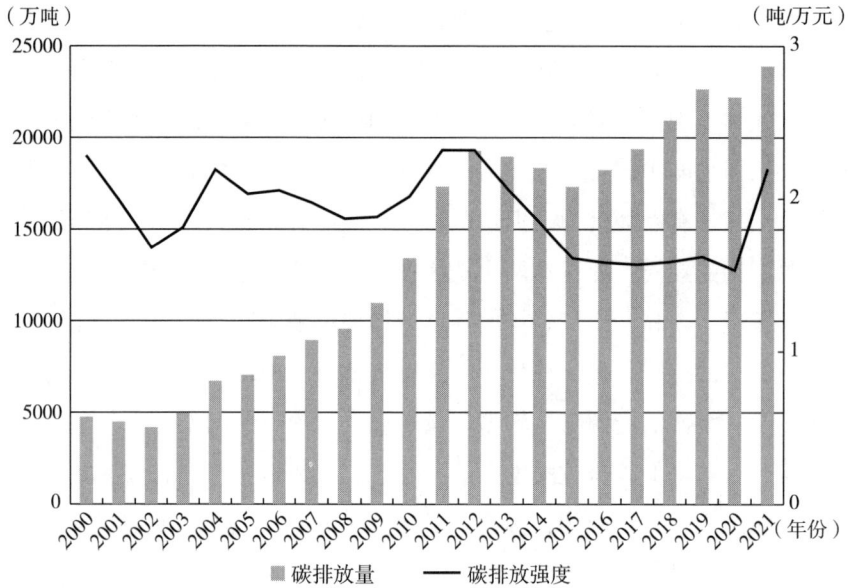

（2）广西

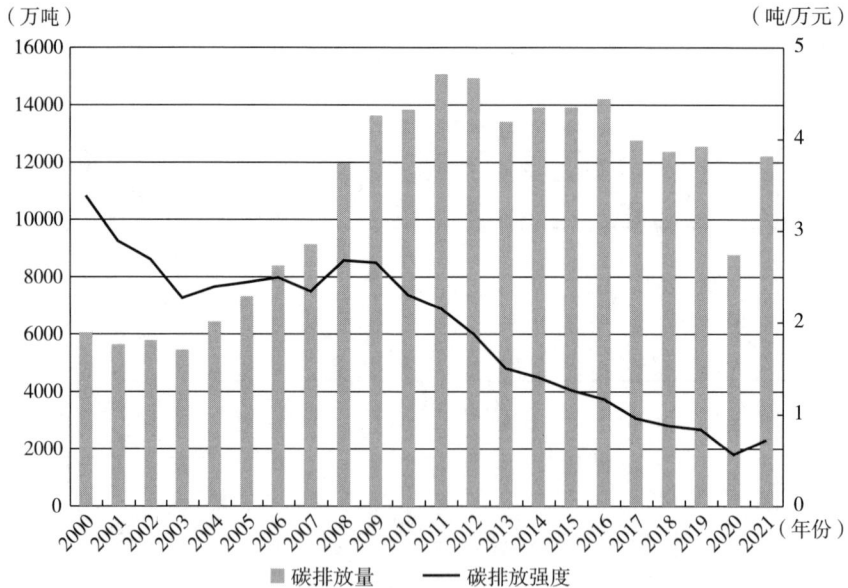

（3）重庆

图4-8　2000~2021年西部地区碳排放量和碳排放强度变化趋势（续）

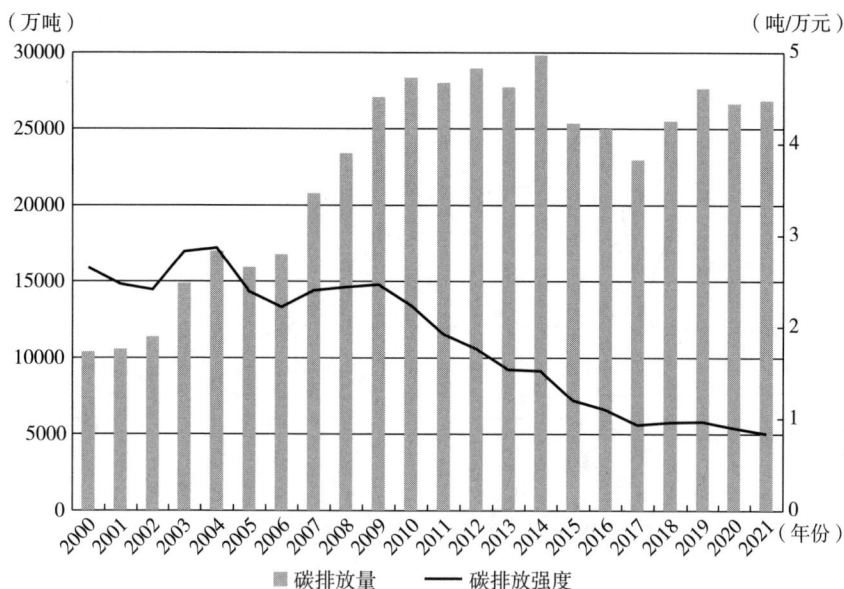

（4）四川

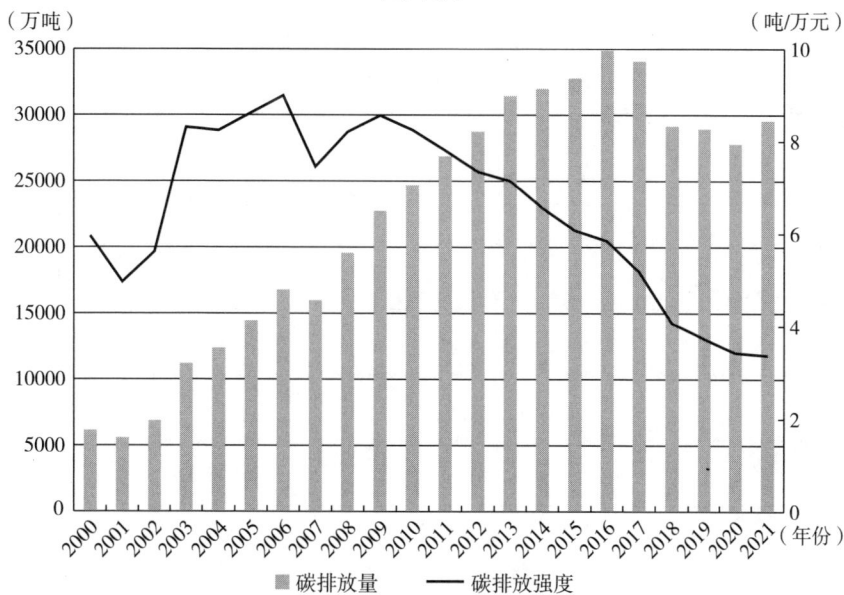

（5）贵州

图 4-8 2000~2021 年西部地区碳排放量和碳排放强度变化趋势（续）

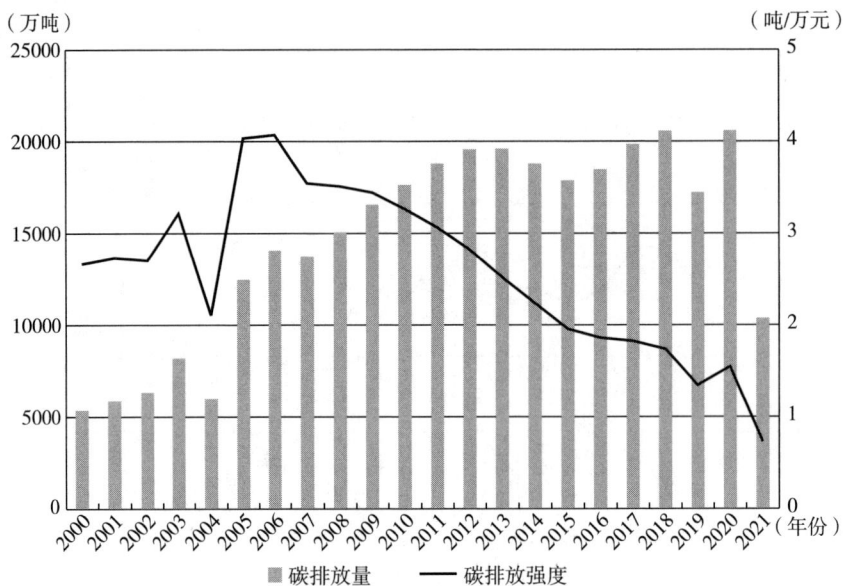

（6）云南

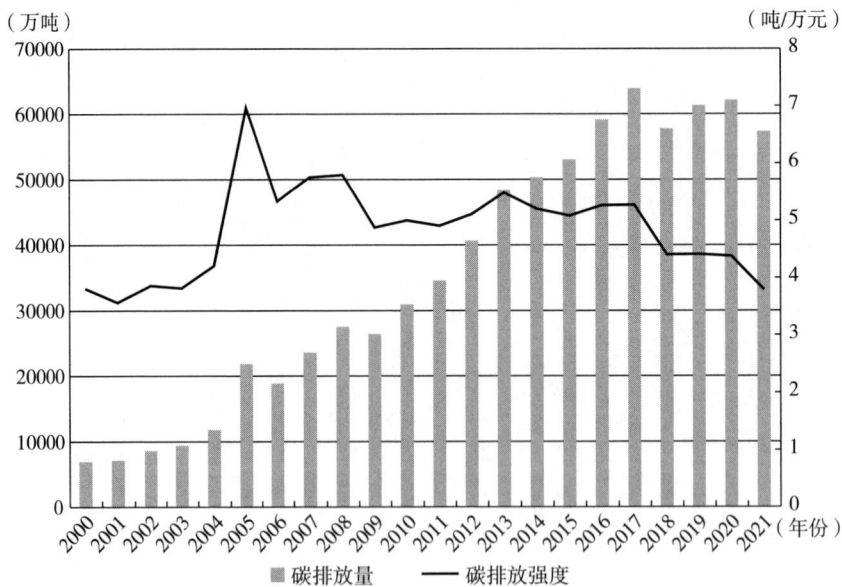

（7）陕西

图 4-8　2000~2021 年西部地区碳排放量和碳排放强度变化趋势（续）

（万吨）　　　　　　　　　　　　　　　　　　　　　　　　　　　（吨/万元）

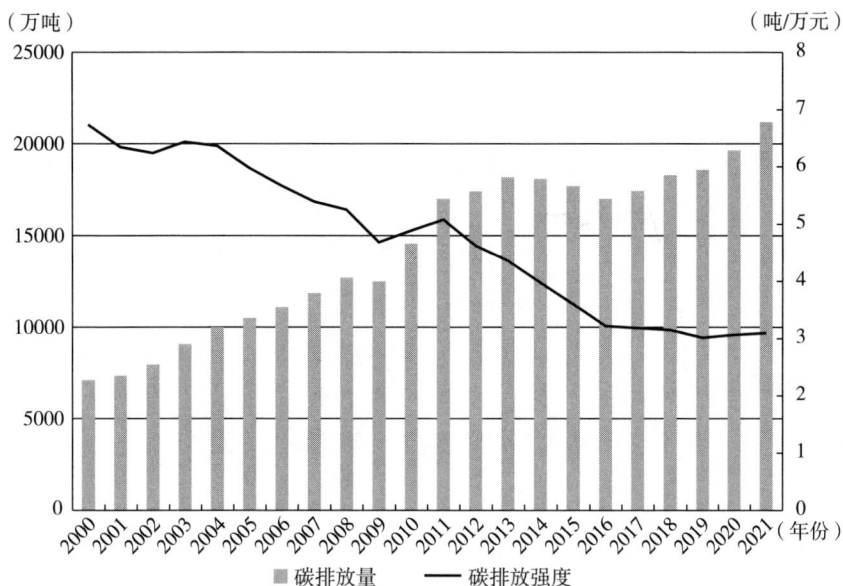

■ 碳排放量　　── 碳排放强度

（8）甘肃

（万吨）　　　　　　　　　　　　　　　　　　　　　　　　　　　（吨/万元）

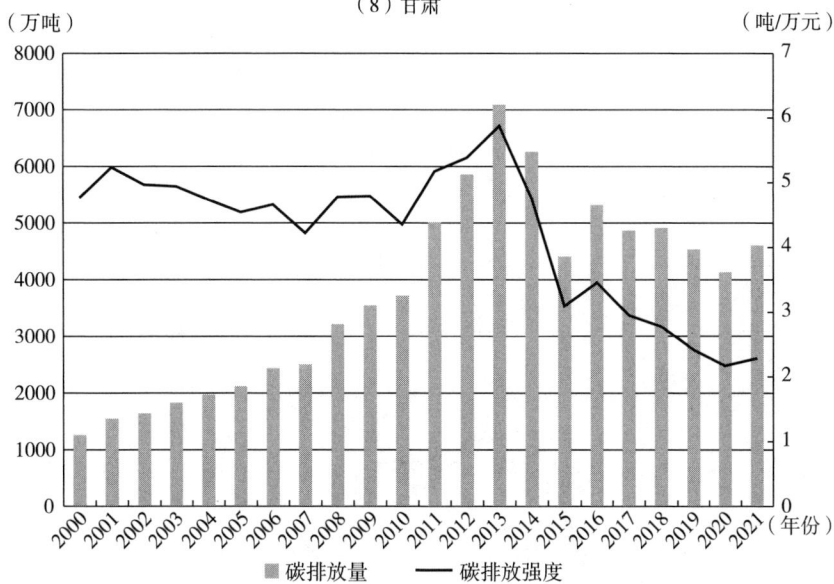

■ 碳排放量　　── 碳排放强度

（9）青海

图 4-8　2000~2021 年西部地区碳排放量和碳排放强度变化趋势（续）

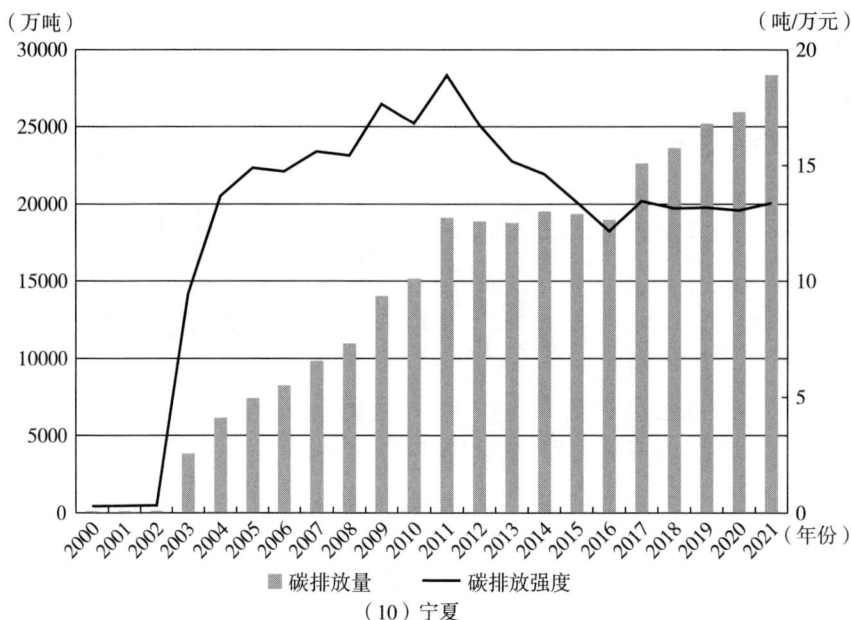

（10）宁夏

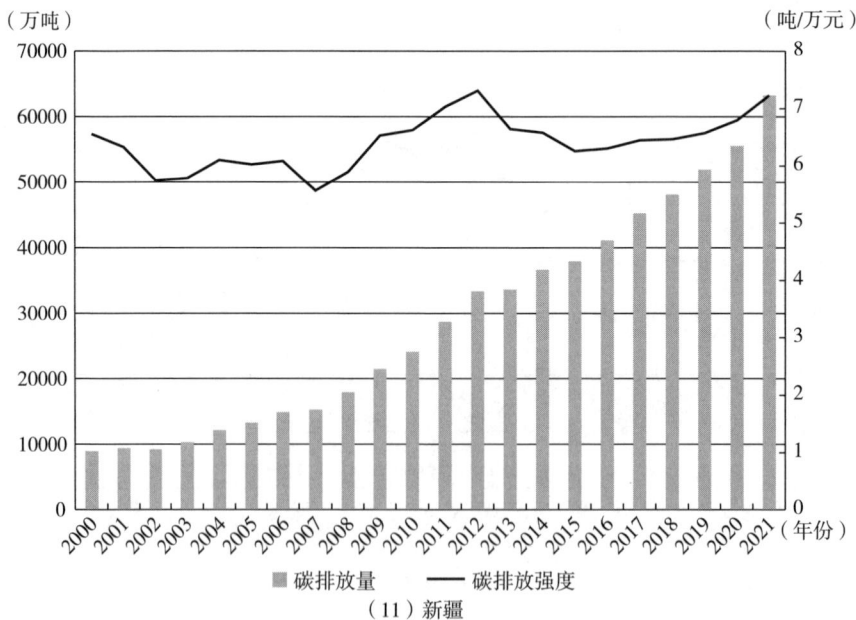

（11）新疆

图4-8　2000~2021年西部地区碳排放量和碳排放强度变化趋势（续）

4.4.4　东北地区碳排放量和碳排放强度

中国东北地区作为曾经的工业重镇，其碳排放问题对地区乃至全国的绿色转型和气候目标具有重要影响。这一地区经历了深刻的工业结构调整，正致力于平衡传统工业的转型与新兴产业的发展，同时应对碳排放带来的环境压力。随着中国提出"碳达峰""碳中和"的目标，东北地区的碳排放动态受到了前所未有的关注，其减排路径和效果将是实现全国环境目标的关键。

表4-9汇报了东北地区（辽宁、吉林、黑龙江）的碳排放量（CE，万吨）和碳排放强度（CI，吨/万元）。总体来看，东北地区的碳排放强度逐渐显著降低，碳排放强度CI从2000年的5.53吨/万元降低到2021年的1.95吨/万元。东北地区的碳排放强度显著降低背后，有几方面的重要因素。首先，随着东北地区经济结构的调整和优化，以及老工业基地振兴计划的实施，高能耗、高污染的传统产业得到了有效治理和改造，新兴产业和高科技产业得到了发展和壮大。这一产业转型减少了对化石燃料的依赖，从而降低了单位GDP产出的碳排放量。其次，东北地区在节能减排技术的应用和能源管理方面取得了显著成效。通过推广节能技术、优化能源结构、提高能源利用效率等措施，有效控制了能源消耗的增长速度，进而降低了碳排放强度。最后，东北地区还加大了对可再生能源的开发和利用，尤其是风能和生物质能等，这些清洁能源的应用在一定程度上替代了化石能源，减少了碳排放。同时，政府在政策和资金上的支持，为东北地区的节能减排和绿色发展提供了有力保障。

表4-9　东北地区碳排放量和碳排放强度

单位：万吨，吨/万元

省份	2000 年		2005 年		2010 年		2015 年		2021 年	
	CE	CI	CE	CI	CE	CI	CE	CI	CE	CI
辽宁	29037	6.22	39789	5.02	49459	3.26	50237	2.27	64971	2.44
吉林	9597	4.92	14685	4.54	22577	3.48	21885	2.16	19088	1.43

省份	2000 年		2005 年		2010 年		2015 年		2021 年	
	CE	CI	CE	CI	CE	CI	CE	CI	CE	CI
黑龙江	17212	5.46	22804	4.37	35154	3.83	34780	2.54	35851	1.99

然而，尽管东北地区的碳排放强度有了显著的下降，但由于该地区经济重工业化特征明显，能源消耗总量依然较大，未来仍需在能源效率提升、清洁能源开发、产业结构调整等方面持续发力，以进一步降低碳排放强度，实现绿色可持续发展。

总体来看，东北地区在碳排放强度的显著降低中展现了其在促进经济转型、实现绿色发展方面的积极进展。未来，东北地区还需继续加强与国家节能减排政策的对接，深化产业转型升级，加大清洁能源的开发利用，不断提高能源使用效率，以实现碳排放强度的进一步降低，为建设美丽中国做出更大贡献。

图 4-9 反映了东北地区 3 个省份即辽宁、吉林、黑龙江的碳排放强度趋势。可以看出，辽宁、吉林、黑龙江的碳排放强度均逐渐降低，辽宁的碳排放强度从 2000 年的 6.22 吨/万元显著降至 2021 年的 2.44 吨/万元；吉林则从 2000 年的 4.92 吨/万元降低到 2021 年的 1.43 吨/万元；黑龙江的碳排放强度也从 2000 年的 5.46 吨/万元下降到 2021 年的 1.99 吨/万元。这些数据凸显了东北地区在降低碳排放强度方面取得的显著进步，体现了该地区在经济发展过程中对环境保护和低碳发展的重视。

东北地区碳排放强度的显著降低可以归因于多方面因素。首先，东北地区的经济结构正在经历数字化转型，逐渐从传统的重工业和能源密集型产业向更多高新技术和服务业倾斜。这些新兴产业相较于传统工业具有更低的能源消耗和碳排放特征，对整体碳排放水平的降低起到了关键作用。特别是在信息技术、生物科技、环保新材料等领域的发展，为东北地区的低碳经济增长提供了强有力的支撑。

其次，能源结构的优化调整和清洁能源比例的提高，在降低碳排放强

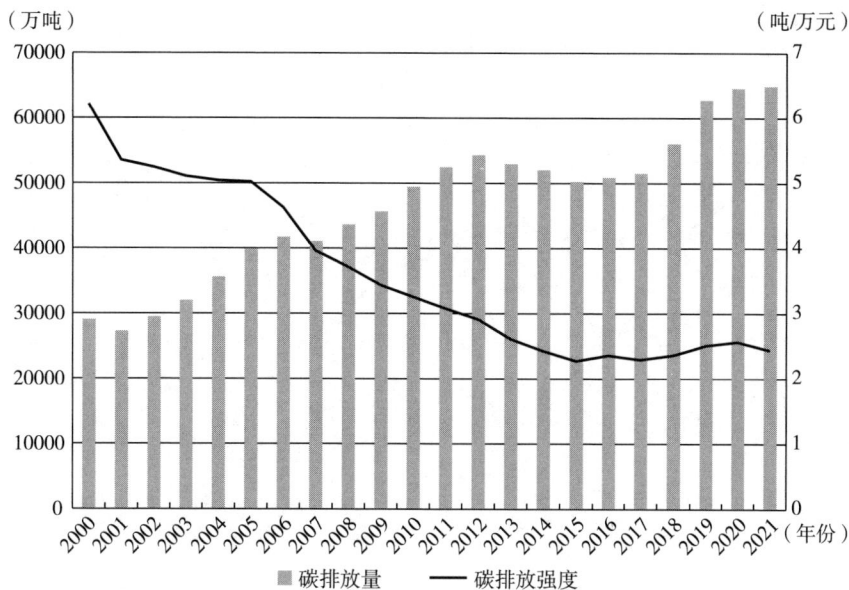

（1）辽宁

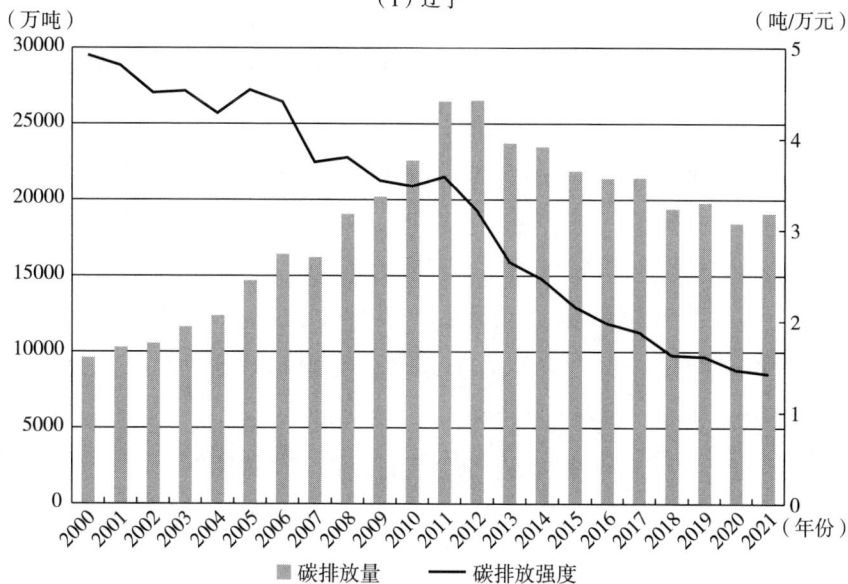

（2）吉林

图 4-9　2000~2021 年东北地区碳排放量和碳排放强度变化趋势

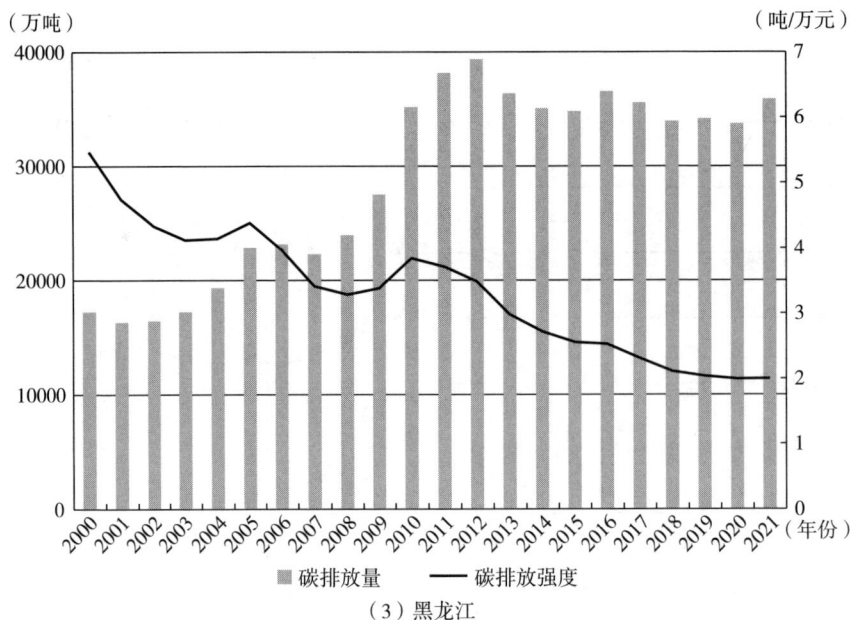

（3）黑龙江

图4-9　2000~2021年东北地区碳排放量和碳排放强度变化趋（续）

度中也发挥了重要作用。东北地区在可再生能源领域的投资逐年增加，风能和太阳能的开发利用逐步得到推广。同时，对传统煤炭能源的依赖正在减少，通过提高能效和推广清洁能源技术，实现了能源消费模式的绿色转型。

最后，环保政策和减排措施的持续强化对东北地区碳排放强度的降低产生了显著影响。东北地区政府通过实施更加严格的排放标准、鼓励环保技术的研发与应用、提高污染物处理效率等措施，加大了对节能减排的政策支持和资金投入，有效推动了地区碳排放强度的持续下降。

4.5　本章小结

本章测度了中国各省份数字经济发展水平与碳排放强度，并对特征事实进行了分析。

本章首先对数字经济发展水平的测度方法进行了阐述，借鉴采用五项指标和熵权法测算了反映各省份数字经济发展水平的综合指数，基于测算的数字经济发展水平的数据，详细分析了不同区域以及各省份的数字经济发展水平并进行了比较分析。其次，本章测度了碳排放总量与碳排放强度，基于碳排放总量与碳排放强度的数据，详细分析了不同区域以及各省份的碳排放总量与碳排放强度并进行了比较分析。

在当今数字化时代，数字经济已成为推动全球经济增长的"新引擎"。随着信息通信技术的突飞猛进，数字经济的发展水平逐渐成为衡量一个地区经济发展现代化程度的重要指标。然而，如何准确测量和评价数字经济的发展水平，一直是学术界和政策制定者面临的挑战。鉴于此，本章首先对数字经济发展水平的测度方法进行了深入的探讨，并采用了一种基于五项指标的综合评价方法，利用熵权法来确定各指标的权重，从而客观地反映了各省份数字经济发展水平的综合指数。这五项指标涵盖了数字经济的核心维度，包括互联网普及率、移动电话普及率、普惠金融指数、互联网相关产出、互联网相关从业人数占比。熵权法作为一种客观赋权的方法，减少了人为因素的影响，使得测度结果更为科学和合理。基于这一方法测算的数字经济发展水平数据，不仅揭示了全国各省份在数字经济领域的综合实力，而且还能够反映出不同区域之间的发展差异。

在对数字经济发展水平的综合评价基础上，本章进一步深入分析了不同区域及各省份的数字经济发展状况，并进行了比较分析。通过对比分析，我们可以识别出数字经济发展的地区差异，揭示发展不平衡的原因，为制定区域经济发展政策和优化数字经济布局提供依据。

在探讨数字经济的同时，碳排放问题也被置于突出位置。碳排放总量和碳排放强度是衡量地区环境质量和可持续发展能力的关键指标。在本章中，我们采用了科学的方法测度了碳排放总量与碳排放强度，这不仅包括了工业生产过程中的直接碳排放，也涵盖了能源消费、交通运输等多个方面的间接碳排放。通过对碳排放总量与碳排放强度的测量和分析，本章详细考察了不同区域及各省份的碳排放情况。在此基础上进行的比较分析，有助于我们理解各地区在环境保护和经济发展之间如何平衡，识别减排过程中的成功经验和存在的挑战。这对于指导各省份制定减排策略、优化产业结构、推动绿色低碳转型具有重要的现实意义。

总而言之，本章不仅为数字经济发展和碳排放减少的研究提供了系统的方法论支持，而且通过实证分析为实现高质量发展和构建生态文明社会提供了宝贵的数据支撑和政策建议。通过这些研究，我们不仅可以加深对数字经济和低碳发展之间关系的理解，还可以为实现经济社会发展和生态环境优化提供理论支持。数字经济发展为碳排放强度降低提供了有力的助力，也为中国经济结构转型提供了重要支撑。

第5章　数字经济发展对碳排放强度的影响效应

本章主要探讨数字经济发展对碳排放强度的影响效应，即分析数字经济发展与碳排放强度之间的相关性。该部分有助于深入理解在当前全球经济数字化转型的大背景下，经济增长方式的变化如何影响环境的可持续性。具体而言，分析数字经济发展与碳排放强度之间的相关性，对于推动可持续发展具有以下几点必要性：

理论方面。在环境经济学和可持续发展领域，探讨经济活动对环境影响的机制是一个核心课题。随着数字经济成为全球经济增长的新引擎，其对环境影响的研究可以丰富现有的理论框架，特别是在理解技术进步与环境可持续性关系的新视角上。此外，通过分析数字经济的环境影响效应，可以为理论提供新的实证证据，有助于构建更加全面和精细的理论模型。

政策方面。在全球气候变化和环境保护日益成为国际共识的背景下，如何在保证经济增长的同时减少环境污染，是各国政策制定者面临的重大挑战。通过分析数字经济发展对碳排放强度的影响，可以为政策制定提供科学依据，帮助政府制定有效的环境政策和经济政策，促进绿色低碳的经济增长模式。

企业方面。对于企业而言，理解数字经济发展对碳排放强度的影响不仅有助于企业履行社会责任，促进可持续发展，还能够为企业的长期战略规划和技术创新提供方向。特别是对于那些能源密集型和高排放行业，了解这一关系对于企业转型升级和实现绿色生产至关重要。

社会方面。在公众层面，深入分析数字经济与碳排放强度之间的关系，可以提高社会各界对数字经济环境效应的认识，促进公众对可持续发展理念的接受和实践。这对于形成全社会共同参与环境保护的良好氛围，推动绿色生活方式的普及具有积极作用。

5.1 研究假说

根据第 3 章对数字经济降低碳排放强度的理论分析，我们可以大致得出：数字经济通过多个途径促进低碳转型，包括通过促进市场中介的发展来降低碳排放强度、通过提升资源配置效率来减少碳排放、通过促进研发创新对降低碳排放的影响以及数字经济通过推动金融发展和促进技术市场交易来实现减排目标。基于这些分析，本章提出了第一个待检验假说。

Ha：数字经济发展能够降低碳排放强度。

这一假说不仅基于理论分析，还需要通过实证研究进行验证。验证这一假说的意义在于，如果能够证实数字经济的确能够降低碳排放强度，那么进一步推动数字经济的发展将成为促进环境可持续性的重要策略之一。因此，本书旨在通过实证检验，探讨数字经济与碳排放强度之间的关系，为政策制定者和企业决策者提供科学的依据，以便制定有效的政策和措施，促进数字经济的健康发展，同时实现碳排放的减少和环境的可持续发展。

5.2　研究设计

5.2.1　模型设定

本章的目标是通过实证检验数字经济的发展是否降低了碳排放强度，即通过采用固定效应模型等进行实证检验，验证假说 Ha。根据上述分析，为了检验数字经济对碳排放强度的影响，构建以下计量模型：

$$CI_{it} = \alpha_0 + \beta Dige_{it0} + \gamma_k \sum X_{itk} + \mu_i + \varepsilon_{it} \tag{5-1}$$

其中，因变量 CI_{it} 表示 i 省份第 t 年的碳排放强度，自变量 $Dige_{it}$ 表示省份 i 第 t 年的数字经济发展水平，β 表示其系数，$\sum X_{itk}$ 表示第 k 个控制变量，α_0 表示截距项，μ_i 表示省份固定效应，ε_{it} 表示随机扰动项。

5.2.2　变量说明

本章涉及的数据集覆盖了 2000～2021 年的多个关键变量，目的是深入探究不同因素对碳排放强度指标的影响。从表 5-1 来看，因变量包含碳排放强度（CI）和二氧化硫强度（SI）。碳排放强度（CI）以吨/万元为单位，代表了每万元经济产出产生的碳排放量，其数据源自 CEADS 和国家统计局。二氧化硫强度（SI），同样用吨/万元为单元，表示每万元经济产出的二氧化硫排放量，数据源自国家统计局。

表 5-1　指标定义

	变量	变量定义	单位	数据来源	时间跨度
因变量	CI	碳排放强度	吨/万元	CEADS、国家统计局	2000～2021 年
	SI	二氧化硫强度	吨/万元	国家统计局	2004～2021 年

	变量	变量定义	单位	数据来源	时间跨度
自变量	Dige	运用熵权法计算的数字经济发展水平	—	国家统计局	2000~2021 年
	Dige-Z	运用主成分法计算的数字经济发展水平	—	国家统计局	2000~2021 年
控制变量	School	高等学校在校学生人数占比	%	国家统计局	2000~2021 年
	Urbanization	城镇化水平	%	国家统计局	2000~2021 年
	Transport	交通基础设施水平	公路里程取对数	国家统计局	2000~2021 年
	FDI	外商直接投资（FDI/GDP）	%	国家统计局	2000~2021 年
	Open	对外开放程度（货物进出口金额/GDP）	%	国家统计局	2000~2021 年

在自变量方面，本书着重研究数字经济发展水平对环境的影响，采用两种计量方式：第一种是运用熵权法计算的数字经济发展水平（Dige），第二种是运用主成分法计算的数字经济发展水平（Dige-Z）。这两项指标的数据均来源于国家统计局。

此外，还纳入了若干控制变量以消除其他因素的干扰，包括高等学校在校学生人数占比（School），以百分比表示，反映教育水平；城镇化水平（Urbanization），以百分比显示，表示城镇人口比例；交通基础设施水平（Transport），通过公路里程的对数来衡量；外商直接投资（FDI），以FDI占GDP的比例表示；对外开放程度（Open），通过货物进出口金额占GDP的比例来衡量。这些控制变量的数据来源于国家统计局。此外，变量中涉及的货币单位是以2000年为基期进行测算的。

5.2.3　数据来源

本书的数据主要来源于国家统计局和CEADS（Carbon Emission Accounts & Datasets），确保了所用数据的可靠性和权威性。国家统计局提供了包括数字经济发展水平（两种计算方式：Dige 和 Dige-Z）、高等学校在校学生人数占比（School）、城镇化水平（Urbanization）、交通基础设施水平（Transport）、外商直接投资（FDI）、对外开放程度（Open）在内的多个关键变量数据。鉴于数据的可获得性以及准确性，本书选择的研究时间为 2000~2021 年。此外，碳排放强度（CI）的数据则由 CEADS 和国家统计局共同提供。CEADS 作为一个集中于碳排放数据的专业平台，为分析和评估碳排放强度提供了翔实的数据支持。结合这些来自权威机构的数据，本书在分析数字经济发展与环境指标之间的相互关系时，确保了研究结果的准确性和可靠性。

5.3　相关系数矩阵与描述性统计

表 5-2 汇报了各变量的相关系数矩阵。首先，可以看出各变量与碳排放强度（CI）之间的相关关系。相关系数矩阵显示，数字经济发展水平（Dige）、高等学校在校学生人数占比（School）、城镇化水平（Urbanization）、外商直接投资（FDI）和对外开放程度（Open）与 CI 均呈现负相关，其中 Open 与 CI 的负相关性最强（-0.344），其次是 FDI（-0.315），表明随着对外开放程度的提高和外商直接投资的增加，碳排放强度可能会降低。而交通基础设施水平（Transport）与 CI 的相关性较弱（-0.048），暗示交通基础设施对碳排放强度的影响可能较小。

表 5-2　相关系数矩阵

变量	CI	Dige	School	Urbanization	Transport	FDI	Open
CI	1.000	—	—	—	—	—	—
Dige	-0.221	1.000	—	—	—	—	—
School	-0.217	0.688	1.000	—	—	—	—
Urbanization	-0.233	0.638	0.755	1.000	—	—	—

变量	CI	Dige	School	Urbanization	Transport	FDI	Open
Transport	−0.048	0.344	0.009	−0.156	1.000	—	—
FDI	−0.315	−0.203	0.138	0.176	−0.427	1.000	—
Open	−0.344	0.048	0.304	0.490	−0.445	0.569	1.000

其次，Dige 与 School 之间的正相关系数（0.688）表明，数字经济发展水平的提升可能与高等教育水平的提高相关。此外，Dige 与 Urbanization 也呈现较强的正相关（0.638），暗示数字经济发展与城市化水平的提高可能是相互关联的。

再次，School 与 Urbanization 之间的正相关系数（0.755）是相关系数矩阵中最高的，表明高等教育水平与城市化水平之间存在显著的正相关关系。而 School 与 Transport 之间的相关性接近零（0.009），这可能表明高等教育水平对交通基础设施的影响有限。在 FDI 与其他变量的相关性方面，FDI 与 Transport 之间的负相关性最强（−0.427），表明随着外商直接投资的增加，交通基础设施可能会受到一定程度的负面影响。同时，FDI 与 Open 之间的正相关性（0.569）表明外商直接投资与对外开放程度之间存在较强的正向关系。

最后，Open 与 Transport 的负相关性（−0.445）可能表明随着对外开放程度的提高，交通基础设施可能会受到负面影响。

总体而言，这个相关系数矩阵揭示了各变量之间复杂且多样的关联性，为进一步探讨这些变量如何共同影响碳排放强度提供了重要的基础。

表 5-3 汇报了各变量的描述性统计结果。从描述性统计结果中可以获得对所研究变量的基本认识。描述性统计结果显示，样本包括 660 个观测值，涵盖了如碳排放强度（CI）、数字经济发展水平（Dige）、高等学校在校学生人数占比（School）、城镇化水平（Urbanization）、交通基础设施水平（Transport）、外商直接投资（FDI）和对外开放程度（Open）等变量。

表 5-3 描述性统计结果

变量	(1)	(2)	(3)	(4)	(5)
	观测值	均值	标准差	最小值	最大值
CI	660	3.568	3.235	0.160	19.171
Dige	660	0.205	0.132	0.010	0.575
School	660	0.016	0.008	0.002	0.042
Urbanization	660	51.667	15.850	13.890	89.600
Transport	660	11.380	0.916	8.372	12.896
FDI	660	0.024	0.021	0.000	0.146
Open	660	0.298	0.364	0.008	1.721

碳排放强度（CI）的平均值为 3.568，但其标准差为 3.235，表明数据在平均值周围波动较大，显示出不同地区或时期的碳排放强度可能有显著差异。最小值为 0.160，而最大值高达 19.171，这进一步说明了碳排放强度在不同情况下的极端差异。

数字经济发展水平（Dige）的平均值为 0.205，标准差为 0.132，这意味着虽然平均水平较低，但其在不同地区或时期的差异也相对显著。最小值和最大值分别为 0.010 和 0.575，表明数字经济发展水平在不同地区或时期之间存在较大的差距。

高等学校在校学生人数占比（School）的平均值仅为 0.016，且标准差为 0.008，说明在不同地区或时期，高等教育水平的差异相对较小。最小值和最大值分别为 0.002 和 0.042，进一步证实了这一点。

城镇化水平（Urbanization）的平均值为 51.667，标准差为 15.850，表明不同地区的城镇化水平差异较大。最小值为 13.890，而最大值高达 89.600，这表明有些地区的城镇化进程远超过其他地区。

交通基础设施水平（Transport）的平均值为 11.380（公路里程取对数），标准差为 0.916，表明交通基础设施在不同地区的差异性相对中等。最小值（8.372）和最大值（12.896）的差距也不是特别大，说明交通基础设施的整体水平在不同地区之间的差异并不像其他变量那样显著。

外商直接投资（FDI）的平均值为 0.024，标准差为 0.021，显示 FDI 水平在不同地区或时期的波动性。最小值为 0.000，最大值为 0.146，表明有些地区的 FDI 水平显著高于其他地区。

对外开放程度（Open）的平均值为 0.298，但其标准差为 0.364，暗示着在不同地区或时期对外开放程度的差异极大。最小值为 0.008，最大值高达 1.721，这反映出极端的差异性。

总的来说，描述性统计结果揭示了各变量在不同地区或时期间的差异，为深入分析这些变量如何影响碳排放强度提供了基础，特别是标准差较大的变量，如 CI、Urbanization 和 Open，表明在这些方面各地区的差异性。

5.4　基准回归结果

本书研究数字经济发展对碳排放强度的影响，探究数字经济发展是否降低了碳排放强度。对式（5-1）进行估计，结果如表 5-4 所示。

表 5-4　基准回归结果

变量	(1) OLS	(2) OLS	(3) RE	(4) RE	(5) FE	(6) FE
Dige	−5.388*** (0.929)	−7.098*** (1.500)	−2.744*** (0.459)	−5.705*** (1.255)	−2.700*** (0.457)	−5.307*** (1.298)
School	—	25.246 (24.706)	—	50.896** (24.531)	—	49.398* (25.819)
Urbanization	—	0.016 (0.013)	—	0.002 (0.009)	—	0.003 (0.009)
Transport	—	−0.716*** (0.156)	—	0.154 (0.243)	—	0.096 (0.290)

变量	(1)	(2)	(3)	(4)	(5)	(6)
	OLS	OLS	RE	RE	FE	FE
FDI	—	-47.239***	—	-0.642	—	1.357
		(6.726)		(4.999)		(5.071)
Open	—	-2.658***	—	-1.167**	—	-0.796
		(0.438)		(0.570)		(0.616)
Constant	4.693***	13.887***	4.150***	2.417	4.141***	2.805
	(0.227)	(1.930)	(0.485)	(2.578)	(0.110)	(2.965)
Observations	660	660	660	660	660	660

注：括号内数字为标准误。*、**、***分别表示在 10%、5%和 1%的水平下显著。下同。

由表 5-4 可知，基准回归分析探讨了数字经济发展（Dige）对碳排放强度（CI）的影响，使用了不同的回归模型，包括普通最小二乘法（OLS）、随机效应（RE）和固定效应（FE）。在六列结果中，每个模型都进行了两次回归分析，其中包含了不同的控制变量。

5.4.1 自变量 Dige 的影响

在所有模型中，Dige 对 CI 的影响都是负向且显著的。这表明，随着数字经济的发展，碳排放强度有显著下降的趋势。在 OLS 模型中，Dige 的系数为-7.098~-5.388，RE 模型中系数为-5.705~-2.744，而 FE 模型中系数为-5.307~-2.700。这些结果均在 1%的水平下显著为负，表明数字经济发展的确能够降低碳排放强度，这也验证了本章研究假说 Ha。

5.4.2 控制变量的作用

School（高等学校在校学生人数占比），在表 5-4 中列（2）、列（4）和列（6）中，School 对 CI 的影响是正的，在列（4）中达到了 5%的显著性水平，在列（6）中达到了 10%的显著性水平，在其他列中不显著。

Urbanization（城镇化水平），Urbanization 的影响在所有模型中都不显著。

Transport（交通基础设施水平），在列（2）中，Transport 与 CI 呈显著负相关，但在随机和固定效应模型中不显著。

FDI（外商直接投资），在列（2）中对 CI 有显著负影响，但在 RE 和 FE 模型中不显著。

Open（对外开放程度），在所有模型中，Open 对 CI 的影响是负向的，但显著性水平在不同模型中有所不同。

综上所述，基准回归结果显示了数字经济的发展与碳排放强度之间存在显著的负相关关系，且这一关系在不同的统计模型中均得到了稳健的支持。同时，控制变量如学校人数占比、城镇化水平、交通基础设施、外商直接投资和对外开放程度在不同模型中的影响各异。

5.5 内生性检验

内生性问题的本质是模型中的解释变量与误差项存在相关性，这种相关性可能源于多种原因，包括遗漏变量、同时性偏差、测量误差和样本选择偏差。例如，当研究模型中忽略了影响因变量的重要变量时，这些遗漏的变量可能与模型中已有的解释变量相关，从而导致估计结果偏误。同时性偏差发生在因变量与解释变量相互影响时，形成反馈循环，导致内生性问题。测量误差指的是解释变量的测量不准确，这种误差可能与模型的误差项相关联。样本选择偏差则是由于非随机样本选择所导致的问题，这也可能引入内生性。

进行内生性检验的作用在于识别这些问题，并采取相应的措施来纠正它们，从而确保估计结果的一致性和有效性。常用的方法包括使用工具变量法来解决内生性变量问题，增加控制变量以减少遗漏变量的影响，或应用固定效应模型来控制不可观测的异质性。这些方法有助于提高估计的准确性，增强模型的解释力，并最终提升整个研究的可靠性。

因此，内生性检验在计量分析中非常重要。它不仅帮助研究者准确识别变量间的因果关系，而且对于确保研究结果的可信度和政策建议的有效性至关重要。

工具变量法（IV）是解决回归模型中内生性问题的一种关键方法，其操作过程可以细分为以下步骤：首先，关键在于选择合适的工具变量，这些变量应满足两个基本条件，即与内生解释变量有明显的相关性（相关性条件），同时与模型的误差项不相关（排他性条件）。选择好工具变量之后，通过统计检验来验证其有效性，通常包括检验工具变量与内生变量的相关性，以及通过诸如 Sargan 检验或 Hansen J 检验等过度识别限制检验来评估工具变量的排他性。其次，进行第一阶段回归，即使用工具变量估计内生解释变量，目的是获得内生变量的预测值。这些预测值在第二阶段回归中被用作非内生的解释变量，以此来估计最终的回归模型。完成第二阶段回归后，应详细解释结果，并进行必要的诊断检验，以评估模型的整体拟合度和工具变量的适用性。

因此，我们采用工具变量法进行内生性检验与处理。借鉴赵涛等（2020）的研究，我们选取了两个工具变量，一个工具变量是上一年度全国互联网用户数乘以 1984 年每百人邮局数量（IV1），另一个工具变量是上一年度全国互联网用户数乘以 1984 年每百人固定电话数量（IV2）。经过工具变量的统计检验之后，其均有效。

表 5-5 汇报了上一年度全国互联网用户数乘以 1984 年每百人邮局数量（IV1）和上一年度全国互联网用户数乘以 1984 年每百人固定电话数量（IV2）两个工具变量的检验结果。可以看出，工具变量法（IV）回归结果展示了数字经济发展（Dige）对碳排放强度（CI）的影响，并且包括了其他控制变量，如高等学校在校学生人数占比（School）、城镇化水平（Urbanization）、交通基础设施水平（Transport）、外商直接投资（FDI）和对外开放程度（Open）。

表 5-5 内生性检验结果

变量	(1)	(2)
	IV1	IV2
Dige	−4.441*	−7.453***
	(2.670)	(2.155)
School	40.579	71.241**
	(35.016)	(31.156)
Urbanization	0.001	0.009
	(0.011)	(0.010)
Transport	0.036	0.244
	(0.330)	(0.312)
FDI	1.715	0.471
	(5.140)	(5.108)
Open	−0.579	−1.334*
	(0.848)	(0.751)
Observations	660	660

5.5.1 Dige 的影响

在 IV1 模型和 IV2 模型中，Dige 对 CI 的影响均为负向，但显著性水平不同。在 IV1 模型中，Dige 的系数为−4.441（标准误 2.670），达到了10%的显著性水平。在 IV2 模型中，Dige 的系数为−7.453（标准误2.155），达到了1%的显著性水平。这表明，在控制了其他变量和潜在的内生性后，数字经济发展水平的提升与碳排放强度的降低有显著关联，特别是在 IV2 模型中这一关系更为显著。

5.5.2 控制变量的影响

School（高等学校在校学生人数占比），在 IV2 模型中，School 对 CI的影响是正的，并且在5%的水平上显著。这可能意味着学校教育水平提高可能间接增加了碳排放强度。

Urbanization（城镇化水平），在两个模型中，Urbanization 对 CI 的影

响都不显著，表明城镇化水平可能并不是决定碳排放强度的主要因素。

Transport（交通基础设施水平），在两个模型中，Transport 对 CI 的影响也不显著，说明交通基础设施水平可能对碳排放强度的影响有限。

FDI（外商直接投资），在两个模型中，FDI 对 CI 的影响也不显著，这表明外商直接投资的规模可能与碳排放强度之间没有直接的显著关联。

Open（对外开放程度），在 IV2 模型中，Open 对 CI 的负向影响在 10% 的水平上显著，可能表明更高程度的对外开放与较低的碳排放强度相关。

由于 Dige 可能与误差项相关（存在内生性问题），所以采用工具变量法进行估计。表 5-5 的结果显示，显著性水平的差异可能反映了不同的工具变量或不同的模型设定对估计结果的影响，但这些工具变量回归结果表明，在考虑了潜在的内生性问题后，数字经济发展水平与碳排放强度之间存在显著的负相关关系。

因此，在排除内生性之后，数字经济发展依然可以显著降低碳排放强度，进一步验证了研究假说 Ha。

5.6　稳健性检验

稳健性检验的主要目的是验证主要研究结果的稳固性，即是否在不同的模型设定、样本划分或估计方法下仍保持一致。稳健性检验不仅提高了研究的可信度，而且还有助于更准确地理解和解释研究结果。通过展示主要结论在多种情况下的一致性，稳健性检验增强了研究的说服力，并为后续研究和政策制定奠定了坚实的基础。

表 5-6 汇报了其他稳健性检验的结果。我们采用主成分分析法计算的数字经济发展水平（Dige-Z）替代 Dige、以二氧化硫强度（SI）替代 CI 进行 FE 回归，并采用逐步加入控制变量的方法增强稳健性检验。

表 5-6　其他稳健性检验结果

变量	（1）	（2）	（3）	（4）	（5）	（6）
	SI	SI	SI	SI	SI	SI
	FE	FE	FE	FE	FE	FE
Dige-Z	-0.066*** （0.006）	-0.024*** （0.005）	-0.018*** （0.005）	-0.015*** （0.005）	-0.017*** （0.005）	-0.019*** （0.005）
School	—	-1.568*** （0.075）	-1.076*** （0.114）	-0.756*** （0.122）	-0.769*** （0.121）	-0.722*** （0.127）
Urbanization	—	—	-0.000*** （0.000）	-0.000*** （0.000）	-0.000*** （0.000）	-0.000*** （0.000）
Transport	—	—	—	-0.009*** （0.001）	-0.009*** （0.001）	-0.009*** （0.001）
FDI	—	—	—	—	-0.090*** （0.025）	-0.080*** （0.026）
Open	—	—	—	—	—	-0.003 （0.002）
Constant	0.012*** （0.000）	0.039*** （0.001）	0.047*** （0.002）	0.138*** （0.015）	0.141*** （0.015）	0.144*** （0.015）
Observations	540	540	540	540	540	540

由表 5-6 可知，数字经济发展水平（Dige-Z）对二氧化硫强度（SI）影响的稳健性检验结果可以进一步支撑研究假说 Ha。在六个不同的固定效应（FE）模型中，每个模型考虑了不同的控制变量组合，逐步加入了控制变量进行回归，Dige-Z 对 SI 的影响在所有模型中都显示为负向且统计上显著，这一一致性结果表明数字经济的发展与二氧化硫强度的降低之间存在着显著的负相关关系。具体来看，Dige-Z 的系数大小在不同模型中有所变化，但这种负向关系在所有模型中均保持一致，说明即便在引入不同的控制变量时，主要结论仍然稳健。

在控制变量方面，随着从 School 到 Open 的逐步引入，我们可以观察到每个控制变量对 SI 的影响以及其对主要关系的可能影响。例如，School 在模型中的引入始终显示出对 SI 的显著负影响，而 Urbanization 和 Transport 也显示出对 SI 的持续负向影响。这些控制变量的稳健影响进一步强化了主要研究假设的可靠性。同时，所有模型的观测值均为 540，保持了不同模型间的可比性，而常数项的显著性表明了模型的整体适用性。

总体而言，通过在不同模型中引入不同的控制变量，这些稳健性检验结果证实了数字经济发展与碳排放强度改善之间的关系，进一步证明了基准回归结果的稳健性，很好地验证了研究假说 Ha。

5.7　异质性检验

异质性检验可以识别和解释研究结果中的差异。例如，在数字经济对碳排放强度的影响时，在不同地区情况下，数字经济对碳排放强度的影响可能存在差异。异质性检验有助于提高我们研究的可信度，异质性检验还能够揭示潜在的干扰因素。综上所述，异质性检验不仅能够揭示研究结果的差异性，还能提高研究的精准度和可信度，帮助更好地理解和解释经济现象。

5.7.1　核密度函数分布

核密度函数分布图在进行异质性检验时提供了一系列独特的优势，使其成为分析数据分布和探索异质性的强有力工具。核密度图通过其直观的视觉表示，能够清晰地展现数据的分布特征，包括形状、散布和集中趋势，提供了一种简便且直观的方式来理解数据的整体特性及其内部的异质性。与传统直方图相比，核密度图通过更平滑的曲线展示数据分布，可以捕捉到更为细微的差异，这对于分析不同群体或条件下数据的分布差异尤为有效。此外，核密度函数不需对数据的分布形态做出预设，这使得它在处理各种类型的数据，尤其是非正态分布数据时，显示出更大的灵活性和适应性。核密度图还能同时展示多个不同样本或群体的分布曲线，这使得比较不同群体间的分布差异变得简单而直接。通过在同一图表中对比多个核密度曲线，研究者能够直观地比较不同子集的数据特性，从而更深入地理解数据之间的差异。

综上所述，核密度函数分布图作为一种灵活且直观的工具，能够有效地揭示数据分布中的复杂结构和细微差异，为异质性分析提供了宝贵的视角和深入的洞察。

图5-1通过展示中国东部、中部、西部和东北四个地区的碳排放强度的核密度函数分布，为我们提供了一个直观的视角来理解各地区在碳排放效率方面的差异。从图5-1中可以明显看出，东部地区的碳排放强度分布具有较为明显的峰值，并且主要集中在较低的碳排放强度区域，这一分布特征反映了东部地区经济的高度发达以及能源使用的高效率。东部地区作为中国的经济中心，拥有较为完善的工业体系和较高比例的服务业，这些行业相较于传统的能源密集型产业，具有更低的碳排放强度。

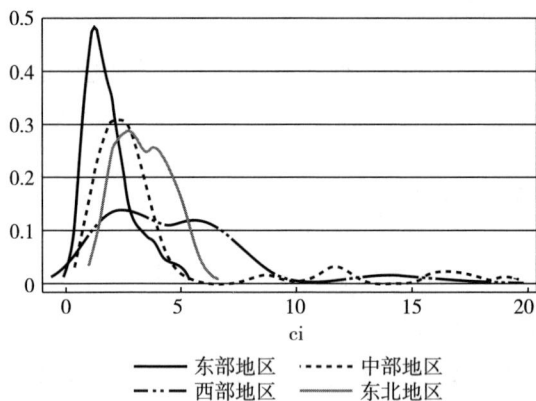

图5-1 碳排放强度的核密度函数分布

中部地区的碳排放强度分布曲线则相对平缓，且呈现出轻微的右偏移态势，这表明中部地区的碳排放强度分布较为广泛，未能像东部地区那样集中在较低的区间内。中部地区处于中国的经济发展转型期，经济结构和能源结构呈现出较大的多样性，从能源密集型的传统制造业到新兴的高科技和服务业均有分布，这种经济和产业的多元化导致了碳排放强度分布的广泛性。

西部地区的曲线在低碳排放强度区域的密度相对较低，但在整个分布范围内较为分散，显示出该地区碳排放强度的异质性较大。西部地区由于其特殊的地理位置和经济发展水平，既有依靠天然资源开发的重工业和能源产业，也有迅速发展的新能源和高科技产业，这种产业结构的差异性造成了碳排放强度的分布差异。

东北地区的碳排放强度曲线在低值区域与东部相似，显示出一定比例的产业具有较低的碳排放强度，但在高值区域的密度增加，暗示该地区仍然存在一定数量的高碳排放强度产业。作为中国传统的工业基地，东北地区虽然近年来在推动产业结构升级和经济转型方面取得了一定成果，但高能耗和高排放的传统产业比重仍然较大，这导致了碳排放强度在高值区域的密度增加。

总体来看，这四个地区的碳排放强度分布特征反映了中国各地区在经济发展水平、产业结构、能源结构以及环保政策执行等方面的差异，这些差异直接影响了各地区的碳排放效率和碳排放强度。为了进一步降低碳排放强度，促进各地区经济的绿色低碳发展，需要根据各地区的实际情况，制定和实施更加有针对性的政策和措施。

产生上述结果的原因可能存在多方面，可能是由多种经济和社会因素共同作用的结果。具体看，东部地区如山东、江苏、上海、浙江、福建、广东、海南等省份，凭借其地理位置的优势，发展了以出口为导向的经济模式，尤其在制造业和服务业方面表现突出。得益于便利的海洋运输和良好的对外贸易环境，这些地区的电子信息、石油化工、新能源等高附加值制造业蓬勃发展。同时，服务业，包括金融、教育、医疗等领域，也展现出快速增长的趋势。这一区域的基础设施建设相对完善，包括交通、通信和物流等，为经济的高效运行和发展提供了坚实的基础。东部地区的碳排放强度分布主要集中在低值区域，并呈现出较高的峰值，这可能反映了该地区在经济发展水平、产业结构优化和环保技术应用方面的先进性。具体而言，东部地区的经济发展水平普遍较高，产业结构更趋向于高新技术和服务导向，这些产业的能源效率通常较高，碳排放强度相对较低。例如，东部地区广泛应用的信息技术和自动化设备，提高了生产效率，减少了能源消耗和碳排放。同时，高科技和服务行业，如软件开发、金融服务和文化创意等，自身的碳排放强度就远低于传统的重工业和制造业。此外，东部地区在环保技术和能源结构优化方面也走在了全国前列。这些地区在清洁能源的使用、废弃物的处理和循环利用，以及节能减排技术的研发和应用方面投入巨大，有效降低了碳排放强度。例如，光伏和风能等新能源的开发利用，以及工业和民用建筑的绿色设计和建造，都为降低碳排放做出了贡献。

相对而言，山西、河南、湖北、湖南、安徽、江西等中部省份，凭借其丰富的自然资源和充足的人力资源，在中国的区域经济发展中占据着重要的地位。农业作为这些地区的传统优势产业，发挥着基础性作用。同时，得益于自然资源和劳动力资源的优势，中部地区在能源、原材料开采、装备制造等行业方面也展现出了较强的竞争力。然而，这些产业的发展往往伴随着较高的能源消耗和碳排放。中部地区的碳排放强度分布的平坦性和轻微的右偏现象，反映了该地区在能源利用效率和产业结构方面存在一定的异质性。这种异质性可能源自该地区一些高能耗的行业，如钢铁、化工、建材等重工业以及煤炭、有色金属等矿业。这些行业由于其生产过程中的高能耗和高污染特性，使得碳排放量相对较高。同时，在中部地区的能源结构中，尤其是山西省，煤炭作为主要的能源来源，其广泛的使用进一步增加了碳排放的强度。除此之外，中部地区在经济发展过程中面临的能源利用效率和产业升级问题，也是导致碳排放强度分布呈现平坦且略微右偏的原因之一。虽然中部地区正努力推进产业结构的优化和高质量发展，但传统的、依赖高能耗的产业模式转变需要时间，且在转型过程中可能面临技术、资金和政策等多方面的挑战。

西部地区，包括四川、贵州、云南、西藏、陕西、甘肃、宁夏、新疆等省份，这些地区多处于中国的内陆深处，受到交通条件限制，经济发展相对落后，工业化水平不高。这一区域的碳排放强度分布的分散性可能正反映了其经济发展的不均衡性和多样性。在这些省份中，经济活动的类型和发展水平差异较大，从依赖自然资源开发的重工业到以农业为主的经济结构，不同的经济模式导致了碳排放强度的差异。西部地区碳排放强度分布的广泛性，一方面，源于其庞大的地理范围内各地经济发展水平和产业结构的差异。一些资源丰富的地区，如新疆和宁夏，可能因重工业和能源开采业的集中而展现出较高的碳排放强度；而以农业和旅游业为主的地区，如云南和西藏，其碳排放强度则相对较低。此外，西部地区的工业化程度普遍不高，高能耗的重工业和制造业占比较低，这也是导致碳排放强度分布广泛的一个重要因素。另一方面，西部地区在环保技术投入和政策执行力度方面可能存在一定差距。与东部地区相比，西部地区在节能减排技术的应用、新能源的开发利用以及环境保护政策的推广和实施方面可能不够充分，这些因素都可能导致了碳排放强度的分布更加分散。因此，西部地区碳排放强度分布的分散性反映了该地区经济发展的多样性和不均衡性，以及环保技术和政策实施上的差异。

辽宁、吉林、黑龙江是中国重要的工业基地，同时也是农业的重要产区。东北地区凭借其悠久的工业历史，尤其在钢铁、机械、化工等重工业领域拥有深厚的产业基础和强大的技术实力。然而，随着中国经济体制从计划经济向市场经济的转型以及全球化背景下的国际竞争加剧，东北地区的传统工业部门开始遭遇发展瓶颈和转型压力。东北地区碳排放强度分布的特点，即在低碳排放强度区域与东部地区相似，而在高碳排放强度区域的密度有所增加，在很大程度上反映了该地区工业结构和能源结构的特征。东北地区的工业结构中，重工业和化工业占据了重要地位，而这些行业往往伴随着高能耗和高碳排放。例如，钢铁生产和化工产品的制造过程中大量消耗煤炭和石油等化石能源，导致碳排放量相对较高。此外，东北地区的能源结构传统上较为依赖于煤炭等高排放能源。尽管近年来东北地区在推动清洁能源的开发和利用方面取得了一定进展，如风能和生物质能等，但相较于东部地区，在环保技术更新换代和新能源应用方面的步伐相对较慢。这种能源结构的依赖性和转型的缓慢，加之传统工业部门的比重较大，共同导致了东北地区在高碳排放强度区域的密度增加。

总体来看，核密度函数分布图不仅展示了中国各地区碳排放强度的分布特征，而且反映了中国不同地区间在经济发展水平、产业结构、能源消费模式及环保政策实施等方面的异质性。这为深入分析各地区碳排放强度的决定因素以及为各地区量身定制碳减排策略提供了宝贵信息。

5.7.2 区域异质性

我们将样本按照东部地区、中部地区、西部地区、东北地区划分，采用 FE 模型回归分析，回归结果如表 5-7 所示。

表 5-7 区域异质性检验结果

变量	东部地区	中部地区	西部地区	东北地区
	FE	FE	FE	FE
Dige	-3.249***	-12.445	-13.405***	-3.633***
	(0.565)	(9.795)	(4.067)	(1.363)
School	30.616**	465.452***	136.037*	-46.967
	(11.806)	(104.039)	(74.046)	(31.251)
Urbanization	0.002	0.037	-0.007	-0.049***
	(0.004)	(0.129)	(0.022)	(0.013)
Transport	-0.539***	-2.000**	1.204**	-0.333
	(0.181)	(0.775)	(0.543)	(0.211)
FDI	-2.054	-32.583	-20.669	-6.275**
	(2.551)	(26.966)	(19.661)	(2.681)
Open	-0.005	-40.409***	-2.605	3.594***
	(0.230)	(7.506)	(2.844)	(0.965)
Constant	7.859***	25.942***	-7.458	11.051***
	(1.750)	(9.277)	(5.805)	(2.201)
Observations	220	132	242	66

异质性检验结果揭示了数字经济发展（Dige）对碳排放强度（CI）在

中国不同地区的影响存在显著差异，这些差异可能由地区间经济发展水平、产业结构、技术创新能力和环境政策的不同造成。在东部地区，数字经济与碳排放强度的负相关性在 1% 水平下显著，这可能是因为东部地区拥有良好的经济基础和较为完善的基础设施，吸引了大量的高技术产业和服务业，这些行业相较于传统的制造业，具有更低的能源消耗和碳排放。此外，东部地区在技术创新方面具有明显的优势，很多高新技术和节能减排技术最先在此地区得到应用和推广，这进一步推动了能源效率的提升和碳排放的降低。

在中部地区的固定效应模型回归分析中，尽管数字经济发展对碳排放强度的影响系数（-12.445）较大，却在统计上不显著，这一结果可能揭示了中部地区在样本数据的规模、数据的变异性以及数字经济与碳排放之间关系的复杂性上的特点。中部地区经济的多元化和复杂性可能导致了数字经济对碳排放强度影响的不确定性。首先，从产业转移角度来看，东部地区经过多年的发展，部分地区的产业已经由劳动密集型和资源密集型向技术密集型和服务密集型转变，这一转型促使一些能耗高、污染重的产业向中西部地区转移。中部地区因其地理位置优势和较低的生产成本，成为承接这些产业转移的主要地区之一。其次，在"中部崛起"战略的推动下，中部地区经历了深刻的经济结构变革和快速发展，这一战略不仅提高了中部地区的经济实力，同时也为该地区的碳排放强度带来了新的挑战和机遇。比如，湖南通过发挥其地理和科教资源的优势，正致力于成为国家重要的先进制造业和科技创新中心，以及内陆改革开放的新高地。这种战略定位促进了湖南省产业结构的优化和技术创新，对于降低碳排放强度具有潜在的积极影响。江西则侧重于加速构建现代化产业体系，并推动内陆地区的对外开放，注重城乡区域的协调发展和绿色转型。江西的这些举措不仅有助于促进经济增长，也为实现低碳发展提供了有利条件。山西作为国家资源型经济转型的试验区，正通过能源革命综合改革试点项目来推进经济结构的优化升级。山西的这一努力，旨在减少对传统高碳能源的依赖，通过能源结构的调整和技术创新来降低碳排放强度。

在西部地区的固定效应模型回归分析中，数字经济发展与碳排放强度呈现出显著的负相关关系（1%的水平上显著），回归系数为-13.405。这一发现表明，随着数字经济的发展，西部地区的碳排放强度得到了显著的降低。这一现象可能与西部地区特有的发展背景和条件有关。由于西部地区相对于中国的东部和中部地区而言，经济发展基础较弱，工业化和城市化水平相对较低，因此数字经济的引入和快速发展为这一地区带来了前所未有的转型和升级机会。首先，数字经济的发展可能直接推动了西部地区产业结构的优化和升级。通过数字技术的应用，西部地区的企业得以提高生产效率，减少能源消耗和废物排放，特别是在制造业、物流业和农业等领域。数字化的生产和管理方式有助于企业更精准地控制能源使用和生产过程，从而降低碳排放。其次，数字经济的发展还可能促进了能源结构的优化。通过数字技术的支持，西部地区能够更有效地开发和利用清洁能源，如风能、太阳能等，减少对传统高碳能源如煤炭的依赖。同时，数字化管理也使得能源分配和利用更加高效，进一步减少了不必要的能源浪费和碳排放。此外，西部地区在数字经济的推动下，还显示出了较大的发展潜力和环境改善空间。数字经济不仅为西部地区的经济发展注入了新的活力，也为环境保护和可持续发展提供了新的解决方案。随着数字技术的普及和应用，西部地区有可能通过技术创新实现经济增长与环境保护的双赢。

在东北地区的固定效应模型回归分析中，碳排放强度的系数显示在1%的显著性水平下为负，系数为-3.633，表明东北地区数字经济发展对碳排放强度产生了显著的负向影响。这一结果可能与东北地区正在经历的产业结构转型紧密相关，特别是该地区从依赖传统重工业向更加依赖技术密集型和服务导向型经济的转变。东北地区，作为中国历史上的重要工业基地，曾以重工业和制造业为经济支柱。然而，随着经济全球化和国内经济结构调整的深入，东北地区开始面临传统产业增长放缓和经济结构老化的问题。数字经济的发展为东北老工业基地的振兴提供了新的机遇。通过引入和发展数字技术，如云计算、大数据、物联网等，东北地区的企业能够提升生产效率，减少资源和能源的浪费，实现更加绿色的生产方式。例如，通过智能制造和自动化技术的应用，传统制造业能够实现精细化管理和节能减排，从而降低碳排放强度。此外，数字经济的发展还促进了东北地区新兴产业的兴起和传统产业的升级改造，尤其是在技术密集型和服务导向型领域。这些新兴产业通常具有更低的能源消耗和碳排放，有助于整体降低地区的碳排放强度。同时，数字经济的推广还可能增强公众和企业对于节能减排和环保的意识，进一步促进了环保技术的应用和绿色生活方式的普及。

综合来看，固定效应模型回归分析揭示的数字经济对碳排放强度在中国不同地区的影响，展现了各地区在经济发展水平、产业结构转型、技术创新能力以及环境政策实施等方面的显著差异。这些差异不仅凸显了数字经济增长对不同地区碳排放强度影响的复杂性，也暗示了在推动数字经济发展的过程中，需要针对不同地区的具体情况制定更为精细化和差异化的政策策略。

东部地区的数字经济与碳排放强度的负相关性显著，反映了该地区在经济发展较为成熟、产业结构更加优化、技术创新能力较强以及环保政策较为完善的背景下，数字经济的发展能够有效地促进能效提升和碳排放减少。因此，对于东部地区而言，政策制定者可以进一步推动数字技术在高附加值、低碳排放行业的应用，加大对技术创新和绿色产业的投资，以持续优化其碳排放绩效。

在中部和西部地区，尽管数字经济对碳排放强度的影响也呈现负相关，但这种影响的显著性和程度可能受到这些地区经济发展基础较弱、产业结构转型在途、技术创新能力待提升以及环境政策实施力度不一等因素的影响。因此，对于中西部地区而言，政策制定者需要重点关注如何利用数字经济促进产业升级和能源结构优化，提升这些地区的技术创新能力和环保标准，以实现碳排放强度的降低。

东北地区的情况则显示，尽管该地区拥有雄厚的工业基础，但传统产业的高碳特性也给碳排放强度带来了挑战。在这种情况下，政策制定者需要特别关注如何通过数字经济推动东北地区的产业结构转型，尤其是促进传统产业的绿色升级和新兴产业的发展，以提高该地区的能源效率和环保水平。

综上所述，数字经济增长对于中国不同地区碳排放强度的影响反映了地区间的显著差异，这要求政策制定者在推动数字经济发展的同时，综合考虑各地区的具体情况，制定差异化的政策策略，以优化碳排放绩效，并促进各地区的绿色可持续发展。

5.8 分位数回归分析

以上的回归估计实际上都是均值回归，很难描述数字经济发展对整体分布的影响。因此，我们进一步采用分位数回归来考察数字经济发展与碳排放强度之间的关系。分位数回归的优势在于：通过分析解释变量对被解释变量的不同分位数的影响，可以更全面地描述变量之间的关系；分位数回归能够更全面地描述被解释变量的条件分布，而不仅仅是分析均值或中位数。因此，分位数回归对于处理具有不同特征和分布的异质数据非常有用。此外，分位数回归对于处理异常值和离群点也更加稳健。

表5-8汇报了分位数回归结果。回归结果表明，在不同的分位数水平（QR-10、QR-25、QR-50、QR-75、QR-90）上，回归系数分别为-1.541、-2.033、-2.758、-3.261、-3.576，其中QR-25的回归系数在10%的显著性水平上显著，而QR-50、QR-75、QR-90的回归系数均在1%的显著性水平上显著。这些结果表明数字经济水平的提高与碳排放强度的降低之间存在负相关关系，即数字经济的发展可能有助于减少碳排放强度。具体地，随着分位数的提高，即观察到的碳排放强度越高，数字经济对降低碳排放强度的负面影响似乎越大。这可能意味着在高碳排放强度的情况下，数字经济的发展对减少碳排放可能更为有效。

表 5-8　分位数回归结果

	（1）	（2）	（3）	（4）	（5）
	QR-10	QR-25	QR-50	QR-75	QR-90
Dige	−1.541 （1.586）	−2.033* （1.126）	−2.758*** （0.668）	−3.261*** （0.763）	−3.576*** （0.983）
控制变量	是	是	是	是	是
固定效应	是	是	是	是	是
Observations	660	660	660	660	660

这些实证结果表明，数字经济对碳排放强度的影响随着分位数的增加而加强，呈现出这种边际递增的非线性特征的原因可能是：首先，在这些较高排放的环境中，存在更多的低效和落后的生产方式，因此数字经济的介入和应用有更大的改进空间和潜力。随着数字技术的应用，如智能化管理、大数据分析、云计算等，可以显著提升能源使用效率和生产效率，从而在较高的排放水平上实现更加显著的碳减排效果。其次，根据梅特卡夫定律，一个网络的价值随着其用户数的平方增长。在数字经济的背景下，这意味着随着更多的个人和企业加入并利用数字技术，整个系统的效率和效益会以非线性的方式增加。这种网络效应不仅促进了信息和资源的更有效分配，而且通过促进创新和技术进步，也为降低碳排放提供了新的途径。例如，通过互联网连接的智能电网可以更有效地分配电力，减少浪费，而共享经济模式则可以通过优化资源使用来减少碳排放。此外，随着数字经济规模的扩大，其带来的正面环境影响可能会因规模经济而增强。在大规模应用数字技术的情况下，单位产品或服务的碳排放强度可以通过更高的效率和更低的资源消耗得到进一步降低。

从实践的角度来看，数字经济可能通过以下几种途径对碳排放强度产生积极影响：

第一，拓宽数字化转型的深度和广度。随着数字技术的快速发展，其在不同行业和生活领域的应用日益广泛，这种转型的深度和广度对减少碳排放具有重要影响。例如，在制造业中，通过物联网（IoT）、人工智能

（AI）和机器学习等技术实现的智能制造，可以大幅提高资源利用率和生产效率，从而减少能源消耗和碳排放。在交通领域，数字技术如智能交通系统、电动汽车和共享出行服务能有效优化交通流量，减少不必要的行驶和排放。

第二，促进绿色信息技术的发展。绿色信息技术的发展也是降低数字经济对环境影响的关键。这包括提高数据中心的能源效率、使用可再生能源供电、优化网络设施的能源消耗等。随着数字经济的扩展，对数据中心和网络基础设施的需求急剧增加，采用绿色信息技术不仅有助于减少这些设施的碳足迹，还可以推动整个行业向更加可持续的发展方向转变。

第三，推进数字经济与循环经济的融合。数字经济的发展促进了循环经济模式的实现，通过数字技术使资源的再利用、循环利用成为可能。例如，基于大数据和 AI 的智能排序技术可以提高废物回收的效率和精度，而数字平台可以促进二手商品的交易，延长产品生命周期。这些做法有助于减少资源消耗和废物产生，进而降低碳排放。

第四，推动消费者行为的变化。数字经济还能通过改变消费者行为来降低碳排放。数字化工具和平台为消费者提供了更多关于产品和服务碳足迹的信息，使他们能够做出更环保的选择。此外，数字经济通过提供如在线购物、远程工作和电子学习等服务，减少了实体出行的需要，从而降低了交通领域的碳排放。

第五，强化政策和监管的作用。政策和监管在数字经济对碳排放影响中扮演着至关重要的角色。政府可以通过制定促进绿色技术发展的政策、提供财政和税收激励、建立碳排放标准和监管体系等措施，引导数字经济的发展方向，确保其对环境的积极影响得以最大化。

总之，数字经济对碳排放强度的边际递增非线性特征揭示了其在促进环境可持续发展方面的巨大潜力。通过深化数字化转型、发展绿色信息技术、融合循环经济理念、引导消费者行为变革以及实施有效的政策和监管，可以进一步发挥数字经济在降低碳排放中的关键作用。

5.9　本章小结

在本章中，我们对数字经济发展与碳排放强度降低之间的关系进行了深入的实证分析。基于第 3 章的理论框架，我们提出了研究假设 Ha，即数字经济的发展将对碳排放强度产生显著的降低作用。为了验证这一假设，我们采取了严谨的研究设计，包括模型设定、变量说明以及数据来源三部分内容。通过对模型中各变量的相关性分析和描述性统计，为后文建立研究基础。

进一步地，我们通过基准回归分析、内生性问题的检验以及其他的稳健性检验对假设 Ha 进行了实证检验。结果显示，无论是基准回归分析还是后续的稳健性检验，均强有力地支持了我们的研究假设，即数字经济发展确实能够显著降低碳排放强度。此外，我们还利用核密度分布图和区域异质性分析深入探讨了不同区域特征下数字经济对碳排放强度影响的差异性。

特别值得一提的是，通过分位数回归分析，我们发现数字经济发展与碳排放强度降低之间的负相关关系在不同碳排放水平的地区表现出了明显的异质性。在碳排放水平较低的地区，数字经济对碳排放强度的影响相对有限；而在碳排放水平较高的地区，数字经济的减排效益则更为显著。这一结果进一步表明，随着数字技术的广泛渗透和应用，可以显著提升产业的能效，降低碳排放强度，尤其是在那些碳排放基数较高的行业和地区。

综上所述，本章的实证检验结果不仅验证了数字经济发展对降低碳排放强度具有显著影响的研究假设，还揭示了这种影响在不同碳排放水平地区的异质性。这些发现可以为政策制定者提供决策参考，即在设计和实施减排策略时，应重视数字经济的潜力，尤其是在那些高碳排放的地区和行业。同时，还需要在数字经济发展的同时，配套相应的政策措施，以确保其环境效益得到充分发挥。此外，在推动数字经济发展的同时，应充分考虑地区特性，采取差异化的策略来优化碳排放绩效，尤其是在高碳排放地区应加大数字经济发展的力度，以实现更有效的碳减排效果。

第6章 数字经济发展影响碳排放强度的机制分析

本章主要探讨数字经济发展影响碳排放强度的作用机制。该部分的分析对于深入理解数字经济的环境影响、指导绿色可持续的数字化转型以及制定有效的环境和经济政策具有重要价值。这体现在以下几个方面：

第一，尽管数字经济对经济增长的正面作用得到了广泛关注和研究，但其对环境特别是对碳排放强度的影响机制还不够清晰。深入探讨这一领域可以填补现有研究的空白，提供更加全面的理解，帮助学术界和政策制定者更好地把握数字经济的环境效应。

第二，数字经济与碳排放强度之间的关系是多维的、复杂的，涉及技术创新、产业转型、消费模式变化等多个方面。通过机制分析，可以揭示这些复杂关系背后的动因，理解不同因素如何共同作用于碳排放强度，为提出减排策略和推动经济结构调整提供科学依据。

第三，深入分析数字经济发展对碳排放强度的影响机制，可以为制定数字经济政策和环境政策提供指导。特别是在全球气候变化日益严峻的背景下，这种分析有助于制定出既能促进数字经济高质量发展，又能有效控制碳排放、保护环境的政策。

第四，对企业而言，了解数字经济发展对碳排放强度的影响机制有助于企业做出更加环保的战略决策。企业可以依据这种分析，调整经营策略、优化生产流程，推动绿色技术创新和应用，实现低碳发展。

综上，开展"数字经济发展影响碳排放强度的机制分析"不仅对学术研究具有重要价值，也对实现经济发展与环境保护的双赢具有重要的现实意义，对促进社会各界对绿色数字经济转型的认识和参与具有积极作用。

6.1 机制假设与中介效应模型

6.1.1 机制检验的研究假说

从第3章对数字经济影响碳排放强度的机理分析得知，数字经济通过多个途径促进了碳排放强度的降低。这些途径包括数字经济可以通过促进市场中介发展降低碳排放强度，数字经济可以通过提升资源配置效率降低碳排放强度，数字经济可以通过促进研发创新降低碳排放强度，数字经济可以通过促进金融发展降低碳排放强度，数字经济可以通过促进技术市场交易降低碳排放强度。这些传导机制共同作用，构成了数字经济对碳排放强度影响的大体框架。基于此，本章提出了以下五个关键的研究假说，以期通过实证分析对这些假说进行验证。

H1：数字经济的发展通过加强市场中介的作用，如提供更加高效的信息服务和交易平台，降低了碳排放强度。这一过程中，市场中介的作用不仅限于促进信息流通和资源共享，还包括提高能源使用和生产效率，从而减少了生产和服务过程中的碳排放。

H2：数字经济的发展通过提升资源配置效率，实现了更加合理和高效的资源利用，从而降低了碳排放强度。这一机制涉及对能源、原材料等关键资源的优化利用，减少了浪费，提高了整体的能效水平。

H3：数字经济的发展数字经济通过激发研发创新活动，推动了低碳技术和清洁能源的发展和应用，进而有效降低了碳排放强度。研发创新在此过程中起到了核心作用，不仅推动了新技术的产生，还加速了这些技术在产业中的广泛应用。

H4：数字经济的发展促进了金融市场的成熟，通过金融创新和金融产品的多样化，为低碳项目和绿色发展提供了资金支持，从而降低了碳排放强度。金融发展在此过程中起到了桥梁和纽带的作用，连接了资金需求和低碳发展目标。

H5：数字经济的发展通过促进技术市场的交易活动，加速了节能减排技术的传播和应用，从而降低了碳排放强度。技术市场交易的活跃为低碳技术提供了更大的市场空间，促进了技术的快速迭代和优化。

总之，这些研究假说集中体现了数字经济如何通过不同的传导机制对碳排放强度产生影响。验证这些假说不仅有助于深入理解数字经济与碳排放强度之间的关系，还能为制定相应的政策措施提供理论依据，以促进经济的绿色低碳转型。

6.1.2　中介效应模型构建

在经济学研究中，中介效应模型主要应用于探究关键解释变量（X）如何通过特定的中介机制（M）影响经济结果或个体行为（Y）。通过识别和分析这些中介变量，能够更准确地评估影响路径及效果。

借鉴赵涛等（2020）的做法，构建以下中介效应模型检验研究加深研究假说 H1 至研究假说 H5。

$$CI_{it} = \alpha_0 + \alpha_1 Dige_{it} + \alpha_2 X_{it} + \mu_i + \varepsilon_{it} \tag{6-1}$$

$$M_{it} = \beta_0 + \beta_1 Dige_{it} + \beta_2 X_{it} + \mu_i + \varepsilon_{it} \tag{6-2}$$

$$CI_{it} = \gamma_0 + \gamma_1 Dige_{it} + \gamma_2 M + \gamma_3 X_{it} + \mu_i + \varepsilon_{it} \tag{6-3}$$

其中，M 表示中介变量，分别为市场中介发展水平（Intermediary）、资源配置水平（FM）、研发创新水平（R&D）、金融发展水平（Finance）、技术市场交易水平（TM）。

通过中介效应模型对数字经济发展影响碳排放强度的作用机制进行检验：首先，按照中介效应模型（6-2）将 Dige 与 M 进行回归，若系数显著，则说明数字经济发展能够对中介变量（分别为市场中介发展水平（Intermediary）、资源配置水平（FM）、研发创新水平（R&D）、金融发展水平（Finance）和技术市场交易水平（TM））产生影响。其次，按照中介效应模型（6-3）将 Dige 与 M、CI 一同进行回归，若 Dige 的系数变得不再显著或者仍然显著但系数降低，则说明 M（分别为市场中介发展水平（Intermediary）、资源配置水平（FM）、研发创新水平（R&D）、金融发展水平（Finance）和技术市场交易水平（TM））是对 CI 产生影响的路径变量，即数字经济可以通过上述五个机制降低碳排放强度。

6.1.3　中介效应模型检验的变量说明

表 6-1 概括了中介效应模型检验的变量定义：

表 6-1　中介效应模型检验的变量定义

	变量	变量定义	单位	数据来源	时间跨度
中介变量	Intermediary	市场中介组织的发育和法律制度环境	—	樊纲市场化指数	2000~2019 年
	FM	要素市场的发育程度	—	樊纲市场化指数	2000~2019 年
	R&D	研发强度（RD 经费内部支出/GDP）	%	国家统计局	2000~2021 年
	Finance	金融发展水平（存贷款之和/GDP）	%	国家统计局	2000~2021 年
	TM	技术市场发展水平（技术市场成交额/GDP）	%	国家统计局	2000~2021 年

6.1.3.1　市场中介组织的发育和法律制度环境（Intermediary）

这个变量衡量的是市场中介组织的成熟度和法律环境的健全程度。它反映了市场机制如何影响经济活动，包括资源的分配和配置效率。数据来源是樊纲市场化指数，时间跨度为 2000~2019 年。这个指数通常用于评估中国各省份市场化进程的深度和广度。

6.1.3.2　要素市场的发育程度（FM）

这个变量描绘了劳动力、资本和技术等生产要素市场的发展水平。樊纲市场化指数提供了这一数据，时间跨度为 2000~2019 年。发达的要素市场通常与更高的经济效率和更低的碳排放强度相关联。

6.1.3.3　研发强度（R&D）

研发强度是通过研发经费内部支出与 GDP 的比率来衡量的，单位为%。这个比率来源于国家统计局，时间跨度为 2000~2021 年。研发投入是技术进步和创新的主要驱动力，对减少碳排放具有潜在的显著影响。

6.1.3.4　金融发展水平（Finance）

这个变量通过存贷款之和与 GDP 的比率来衡量，单位为%。金融发展水平反映了金融市场对经济活动的支持程度，数据同样来自国家统计局，时间跨度为 2000~2021 年。健全的金融体系可以促进投资效率，为低碳技术的研发和应用提供资金，从而有助于降低碳排放强度。

6.1.3.5　技术市场发展水平（TM）

技术市场发展水平是通过技术市场成交额与 GDP 的比率来衡量的，单位为%。技术市场的成熟程度反映了一个地区在技术交流和应用方面的活跃程度，这直接影响到经济的创新能力和产业升级。这一数据也由国家统计局提供，时间跨度为 2000~2021 年。

樊纲市场化指数是中国经济领域中一个权威的指数，用于衡量中国各省份市的市场化程度，包括市场结构的优化、市场的范围和边界、市场组织的效率以及市场化的法律制度环境。研发强度、金融发展水平和技术市场发展水平的数据来自国家统计局。这些数据通过官方统计和调查得出，涵盖了研究与发展经费支出、金融机构存贷款总额以及技术市场交易额等与 GDP 的比值，为研究提供了官方和标准化的度量。

6.2　作用机制 1：促进市场中介发展降低碳排放强度

采用中介效应模型检验市场中介发展机制，对模型（6-1）至模型

（6-3）进行回归，表 6-2 是回归结果。可以看出，数字经济发展（Dige）对碳排放强度（CI）的直接影响以及市场中介组织的发育和法律制度环境（Intermediary）作为中介变量的作用。

表6-2　市场中介发展机制回归结果

变量	（1）	（2）	（3）
	FE	FE	FE
	CI	Intermediary	CI
Intermediary	—	—	-0.289***
			（0.054）
Dige	-5.307***	16.039***	-1.038
	（1.298）	（1.083）	（1.649）
School	49.398*	90.967***	98.329***
	（25.819）	（21.615）	（28.348）
Urbanization	0.003	0.002	0.005
	（0.009）	（0.007）	（0.009）
Transport	0.096	-0.587**	-0.152
	（0.290）	（0.239）	（0.310）
FDI	1.357	11.782***	5.519
	（5.071）	（4.095）	（5.327）
Open	-0.796	0.387	-0.645
	（0.616）	（0.490）	（0.633）
Constant	2.805	7.154***	5.420*
	（2.965）	（2.438）	（3.173）
Observations	660	600	600

在列（1）中，仅对 Dige 对 CI 的影响进行回归分析，结果表明 Dige 对 CI 有显著的负面影响，系数为-5.307，在 1% 的水平下显著为负，这表明数字经济发展能够显著降低碳排放强度。

在列（2）中，对 Dige 对中介变量 Intermediary 的影响进行回归分析，结果表明，在考虑中介变量 Intermediary 时，我们发现它对 CI 有显著负面影响，系数为-0.289，在 1% 的水平下显著为负，这表明市场中介组织的发育和法律制度环境对降低碳排放强度起到了显著作用。

在列（3）中，在控制了中介变量后，Dige 的系数变为-1.038，且不再显著，而 Intermediary 的系数为-0.289，在 1%的水平下显著为负，这意味着市场中介组织的发育和法律制度环境在数字经济发展降低碳排放强度的影响中发挥了部分中介效应，即数字经济发展能显著提升市场中介组织的发育和法律制度环境，进而间接降低碳排放强度。

中介效应模型的回归结果揭示了数字经济发展通过改善市场中介组织和法律制度环境来降低碳排放强度的潜在机制。该结果很好地验证了本章的研究假说 H1，数字经济的确通过促进市场中介发展降低碳排放强度。

市场中介组织在数字经济中扮演着至关重要的角色，它们通过提供信息服务、促进交易和提高交易效率等方式，有助于减少市场摩擦和提高市场效率。在数字经济背景下，这些中介组织得以利用先进的信息技术，如大数据分析、云计算等，进一步优化其服务，提高资源配置的效率，从而有助于降低能源消耗和碳排放。同时，数字经济的发展还促进了法律制度环境的改善，特别是在知识产权保护、电子商务法规以及环境保护等法律方面。一个健全且高效的法律制度环境能够为数字经济的健康发展提供良好的外部条件，特别是在促进清洁能源和节能技术的应用、提高企业环保标准以及鼓励绿色消费方面发挥着关键作用。这些法律和制度的改善不仅直接影响了企业和消费者的行为模式，还通过规范市场秩序和提高环保意识，间接地促进了碳排放强度的降低。因此，通过促进市场中介组织的发展和改善法律制度环境，数字经济的发展为降低碳排放强度提供了有效的途径。这一过程不仅依赖于数字技术的直接应用，也涉及经济、社会和法律多个层面的协同作用。本部分的回归结果不仅验证了数字经济通过促进市场中介发展来降低碳排放强度的研究假说，也为制定相关政策提供了有益的启示，即通过加强数字经济的发展，优化市场中介服务和法律制度环境，可以更有效地促进能效提升和碳排放减少，实现绿色可持续发展。

市场中介发展在数字经济降低碳排放强度中另一个核心作用在于其对经济活动的影响和改变传统的生产消费模式。首先，市场中介如金融服务机构能为绿色技术和可持续项目提供资金支持。在数字经济中，通过更高效的数据处理和分析能力，金融机构能更准确地评估绿色项目的风险和回报，从而降低融资成本，推动低碳技术的研发和应用。其次，技术市场中介能促进环保创新的传播。数字平台可以作为技术交易和知识共享的中介，加速新技术的扩散，尤其是在能源效率和减排技术方面。这对于降低整个社会的碳排放强度至关重要。

综上所述，市场中介的发展在数字经济中扮演着至关重要的角色，它不仅直接支持绿色技术和项目的发展，还能提高经济效率，间接促进了碳排放强度的降低。因此，在推动数字经济的同时，加强市场中介的建设和完善是实现低碳发展目标的关键途径。

6.3 作用机制2：提升资源配置效率降低碳排放强度

在本次中介效应模型检验的回归分析中，我们检验了数字经济发展（Dige）通过提升资源配置效率的机制对碳排放强度（CI）的影响机制。

表6-3汇报了中介效应模型检验结果，可以看出：

表6-3 资源配置机制回归结果

变量	(1)	(2)	(3)
	FE	FE	FE
	CI	FM	CI
FM	—	—	-0.093^{*} (0.052)
Dige	-5.307^{***} (1.298)	13.904^{***} (1.163)	-4.383^{***} (1.601)
School	49.398^{*} (25.819)	47.466^{**} (23.208)	76.434^{***} (28.630)

续表

变量	(1)	(2)	(3)
	FE	FE	FE
	CI	FM	CI
Urbanization	0.003	0.006	0.005
	(0.009)	(0.008)	(0.009)
Transport	0.096	0.345	0.050
	(0.290)	(0.257)	(0.316)
FDI	1.357	−2.755	1.854
	(5.071)	(4.397)	(5.406)
Open	−0.796	−0.978*	−0.848
	(0.616)	(0.526)	(0.649)
Constant	2.805	−0.400	3.313
	(2.965)	(2.618)	(3.218)
Observations	660	600	600

在列（1）中，数字经济发展对碳排放强度有显著的直接负向影响，系数为−5.307，且在1%的水平下显著。这表明数字经济的提升可能通过促进能源使用效率、改变产业结构向低碳转型等途径直接降低了碳排放强度。

在列（2）中，数字经济发展（Dige）对要素市场的发育程度（FM）有显著的正向影响，系数为13.904，同样在1%的水平下显著。这表明数字经济发展可能通过提高市场的效率和完善市场机制，间接地影响碳排放强度。

在列（3）中，考虑中介变量后 CI 的影响，在控制了中介变量 FM 后，Dige 对 CI 的直接影响系数有所降低，变为−4.383，但仍然在1%的水平下显著。同时，FM 对 CI 的影响系数为−0.093，在10%的水平下显著，表明要素市场的发育程度在数字经济与碳排放强度之间发挥了中介作用。这一结果表明，虽然要素市场的发育程度对碳排放强度有一定的中介作用，但数字经济发展本身依然是降低碳排放强度的重要因素。

综上，数字经济发展可以通过提升资源配置效率降低碳排放强度具有显著影响，此结果很好地验证了本章的研究假说 H2。

在数字经济的背景下，提高资源配置效率在减少碳排放中扮演着至关重要的角色。得益于数字经济的核心优势——高效的数据分析与信息处理能力——市场需求和供给信息能够被更精确地把握，从而确保资源得以在最需要的地方得到有效利用。特别地，数字经济能够使能源密集型产业通过精确的数据分析来改进其生产流程，从而减少不必要的能源消耗并降低整体的碳排放。这不仅涉及生产过程中能源使用的优化，还包括原材料的高效利用、生产过程中废物的减少以及产品设计的环保性提升。

数字经济还极大地促进了新技术和创新的发展，这些新的发展对提升能源利用效率、优化产品的整个生命周期，以及最终减少碳足迹发挥着至关重要的作用。例如，物联网技术的应用可以实现能源使用的智能监控和自动调整，以提高能效；云计算和大数据分析则能帮助企业优化其运营流程和物流安排，降低运营过程中的能耗和碳排放。同时，数字经济还推动了更加灵活的工作模式和商业模式的创新，如远程工作、在线商务、数字化服务等，这些模式在很大程度上减少了传统商业活动中的物理移动需求，从而降低了交通运输产生的碳排放。

数字经济通过引入和促进新型商业模式和消费方式，如共享经济，显著地推动了资源的高效利用，从而对降低碳排放产生了积极的影响。共享经济模式使得资源利用率得到了极大的提升，减少了对新增资源的需求，有效降低了碳排放的总量。以共享出行为例，它通过减少对私家车的依赖，不仅减轻了城市交通拥堵，还减少了汽车生产和日常使用中的碳排放。此外，共享住宿、共享工作空间等新型共享模式同样通过优化资源配置，减少了新资源的开发和利用，进而降低了整体的碳足迹。

此外，数字经济的发展还极大地提升了环境管理和政策制定的效率。通过实时监控和分析大量的环境数据，政府和企业可以及时发现和应对环境问题，制定更为精准和有效的环保措施。数字技术如大数据分析、人工智能和物联网在环境监测和管理中的应用，不仅提高了污染防治的时效性和准确性，也增强了资源利用的可持续性。数字经济在推动资源配置效率提高的同时，还促进了技术创新和新型消费模式的发展。在线购物、电子支付、数字化服务等消费模式的普及，减少了实体商品的生产和物流配送需求，从而降低了能源消耗和碳排放。数字化服务和虚拟产品减少了物理资源的消耗，促进了节能减排。

因此，数字经济通过多维度作用促进了低碳经济体系的建立。它不仅通过优化资源配置和促进新型商业模式降低碳排放，还通过提升环境管理效率和推动技术创新为构建可持续发展的经济体系提供了强有力的支持。为了最大化数字经济在降低碳排放方面的潜力，需要进一步推动数字技术的研发和应用，促进节能减排技术的普及，并通过政策引导和市场激励机制，鼓励社会各界参与到绿色发展的实践中，共同构建更加绿色、低碳、可持续的未来。

6.4　作用机制 3：促进研发创新降低碳排放强度

在本次中介效应模型检验的回归分析中，我们检验了数字经济发展（Dige）通过促进研发创新（R&D）的机制对碳排放强度（CI）的影响机制。

表 6-4 汇报了中介效应模型检验结果，可以看出：

表 6-4　研发创新回归结果

变量	(1)	(2)	(3)
	FE	FE	FE
	CI	R&D	CI
R&D	—	—	-57.755 ** (27.352)
Dige	-5.307 *** (1.298)	0.035 *** (0.002)	-3.266 ** (1.615)

续表

变量	(1) FE CI	(2) FE R&D	(3) FE CI
School	49.398* (25.819)	−0.270*** (0.038)	33.830 (26.783)
Urbanization	0.003 (0.009)	0.000*** (0.000)	0.007 (0.009)
Transport	0.096 (0.290)	−0.000 (0.000)	0.074 (0.289)
FDI	1.357 (5.071)	−0.012* (0.007)	0.647 (5.069)
Open	−0.796 (0.616)	0.000 (0.001)	−0.781 (0.614)
Constant	2.805 (2.965)	0.013*** (0.004)	3.535 (2.976)
Observations	660	660	660

在列（1）中，数字经济发展对碳排放强度有显著负面影响，系数为−5.307，在1%的水平下显著。这表明随着数字经济的发展，CI显著降低，可能由于数字技术在提高能效、优化产业结构等方面的作用。

在列（2）中，Dige对R&D有显著正面影响，系数为0.035，在1%的水平下显著。这表明随着数字经济的发展，研发强度增加，可能因为数字经济促进了技术创新和研发投资。

在列（3）中，考虑中介变量后CI的影响，在控制了中介变量R&D后，Dige对CI的直接影响降低，系数变为−3.266，在5%的水平下显著。同时，R&D对CI的影响显著为负，系数为−57.755，在5%的水平下显著，说明提高研发强度有助于降低碳排放强度，可能由于研发活动带来的技术创新和效率提升。这表明研发强度在数字经济发展对碳排放强度的影响中起到了部分中介作用。

由表6-4的回归结果可以看出，数字经济的发展通过促进研发活动，间接降低了碳排放强度。这一发现强调了在推动数字经济发展的同时，加强研发投入和技术创新是实现低碳发展的重要策略。通过这种方式，数字经济不仅直接通过提高能效降低 CI，还间接通过激发创新活动进一步推动低碳转型。

综上，数字经济发展可以通过促进研发创新降低碳排放强度具有显著影响，此结果很好地验证了本章的研究假说 H3。

根据表 6-4 的回归分析结果，首先，促进研发创新在数字经济降低碳排放强度中的作用是显著的。数字经济发展与研发强度（R&D）呈正向关系，表明数字经济的发展为研发创新提供了更多的资源和动力。这可能是因为数字经济的核心特征之一就是高度依赖于技术创新，包括信息技术、通信技术等，这些技术的发展和应用能够推动整体的研发活动。其次，研发创新在降低碳排放强度方面发挥了显著作用。这可能是因为研发活动导致的技术创新能够提高能源效率，促进清洁能源的应用，以及优化生产流程，从而间接降低了碳排放。例如，能源效率的提高可以减少对传统高碳能源的依赖，而新的生产技术和材料可以减少制造过程中的能源消耗和废物产生。最后，当考虑研发创新作为中介变量时，数字经济对碳排放强度的直接影响有所降低，但仍然显著。这表明研发创新在数字经济和碳排放强度之间起到了部分中介作用。这种中介作用可能反映了数字经济通过促进研发创新间接影响了碳排放强度的路径。

数字经济的发展为研发创新提供了广阔的平台和丰富的资源，包括更高效的信息交流、更广泛的合作网络以及更多样的创新思维。这些因素共同作用，极大地加速了新技术的研发和应用，特别是那些能够提高能源效率和减少碳排放的绿色技术和清洁能源技术。例如，通过数字经济的推动，可以加快新型节能材料的研究、智能制造技术的开发以及可再生能源利用技术的创新，从而实现生产过程的绿色化和能源消耗的降低。此外，数字经济还促进了创新成果的快速转化和广泛应用。在数字平台上，研发成果可以迅速被共享和传播，新技术可以更快地得到验证和推广，这不仅加速了创新技术的市场应用，也使得节能减排技术得以在更广泛的领域和地区得到实施。

因此，数字经济通过促进研发创新在降低碳排放强度方面发挥了显著的间接作用。这不仅验证了数字经济对环境保护的积极贡献，也指明了在推动数字经济发展的过程中，需要加大对研发创新的支持和鼓励，尤其是那些能够直接或间接降低碳排放的技术和产品的研发。通过持续的技术创新和普及，可以进一步推动碳排放强度的降低，为实现绿色低碳发展和可持续发展目标提供坚实的技术支撑和创新动力。

综上所述，促进研发创新在数字经济降低碳排放强度中扮演着部分中介效应。数字经济的发展不仅直接提高了研发创新的水平，而且通过研发创新间接促进了能源效率的提升和低碳技术的应用，从而对降低碳排放强度产生了显著影响。这一发现对于制定相关政策具有重要的启示意义，强调了在推动数字经济发展的同时，需要重视研发创新的支持和激励，以实现更加可持续的经济增长模式。

6.5 作用机制4：促进金融发展降低碳排放强度

在本次中介效应模型检验的回归分析中，我们检验了数字经济发展（Dige）通过促进金融发展（Finance）的机制对碳排放强度（CI）的影响机制。

表6-5汇报了中介效应模型检验结果，可以看出：

表6-5 金融发展机制回归结果

变量	(1)	(2)	(3)
	FE	FE	FE
	CI	Finance	CI
Finance	—	—	-0.526*** (0.168)

变量	(1)	(2)	(3)
	FE	FE	FE
	CI	Finance	CI
Dige	−5.307***	4.621***	−2.875*
	(1.298)	(0.307)	(1.505)
School	49.398*	−16.087***	40.930
	(25.819)	(6.099)	(25.782)
Urbanization	0.003	0.002	0.005
	(0.009)	(0.002)	(0.009)
Transport	0.096	−0.286***	−0.055
	(0.290)	(0.068)	(0.292)
FDI	1.357	−1.368	0.637
	(5.071)	(1.198)	(5.041)
Open	−0.796	0.402***	−0.585
	(0.616)	(0.145)	(0.615)
Constant	2.805	5.257***	5.572*
	(2.965)	(0.700)	(3.074)
Observations	660	660	660

在列（1）中，数字经济发展对碳排放强度有显著的负向影响，系数为-5.307，在1%的水平下显著。这表明随着数字经济的发展，碳排放强度显著降低，可能由于数字技术的应用提高了能源效率和改变了产业结构。

在列（2）中，Dige 对金融发展水平有显著的正向影响，系数为4.621，在1%的水平下显著。这表明数字经济的发展促进了金融市场的发展，可能通过提供更多的金融服务和产品，增强了经济的资金流动性。

在列（3）中，在考虑了金融发展水平作为中介变量之后，Dige 对 CI 的影响减小但仍然显著，系数为-2.875，在10%的水平下显著。这意味着金融发展在数字经济发展和碳排放强度之间起到了部分中介作用。同时，Finance 对 CI 的负向影响显著，系数为-0.526，在1%的水平下显著，这表明金融发展有助于降低碳排放强度，可能是因为金融市场的发展提高了对低碳和环保技术的投资。尽管数字经济本身仍对碳排放强度有显著的直接影响，但金融市场的发展也在这一过程中发挥了重要作用。

表 6-5 的回归结果强调了在数字经济背景下，金融发展作为一种重要的中介机制，对降低碳排放强度起到了关键作用。数字经济不仅通过直接提高生产效率和优化能源使用降低了碳排放，还通过促进金融市场的发展，进一步推动了低碳技术和环保项目的投资，加强了这一减排效果。

综上所述，数字经济发展可以通过促进金融发展降低碳排放强度具有显著影响，此结果很好地验证了本章的研究假说 H4。

根据表 6-5 的分析，金融发展在数字经济降低碳排放强度中部分中介效应。数字经济的发展显著促进了金融市场的成长，这一点在金融发展水平（Finance）与数字经济发展（Dige）呈正相关的结果中得到了体现。具体而言，数字技术的应用不仅提高了金融服务的效率和覆盖面，还增强了金融产品的创新能力，从而为经济活动提供了更加丰富和灵活的融资渠道。金融市场的发展对碳排放强度产生了显著的负向影响。这可能是因为发展中的金融市场能够更有效地将资本引导至低碳和环保项目，如可再生能源、能效提升技术、绿色建筑等，从而促进了碳排放强度的降低。此外，金融市场的成熟还有助于风险管理和环保意识的提高，为绿色经济转型提供了更强的金融支持和激励机制。最后，当考虑金融发展作为中介变量时，数字经济对碳排放强度的直接影响有所减弱，但仍然显著。这表明金融市场的发展在数字经济和碳排放强度之间起到了部分中介作用。换言之，在数字经济的背景下，金融发展起到了关键的桥梁作用，为绿色技术和低碳项目的投资和发展提供了便利条件，从而对降低碳排放产生了积极影响。

首先，数字经济的快速发展促进了金融科技的创新，如区块链、大数据、人工智能等技术在金融领域的应用，这些创新不仅提高了金融服务的效率和可获得性，还增强了金融市场的透明度和包容性。这使得绿色金融产品和服务，如绿色债券、绿色基金、碳交易等，得以更广泛地被开发和应用，为低碳技术和项目提供了资金支持。

其次，数字经济中的金融发展有助于优化资本配置，将更多的资金引导至能效高、碳排放低的项目和企业。通过金融市场和金融机构的作用，可以有效评估和管理与气候变化相关的金融风险，激励企业采取节能减排措施，并对绿色创新给予奖励。

最后，金融发展在数字经济中还促进了公众对绿色消费和可持续投资的认知，增强了市场对绿色经济的需求。这种需求的提升反过来又进一步刺激了金融市场对绿色金融产品的开发，形成了良性循环。

综上所述，数字经济通过促进金融发展，为低碳技术和绿色项目的资金支持提供了平台和机遇，有效地降低了碳排放强度。这一结果不仅验证了数字经济与金融发展在促进环境可持续性方面的重要作用，也为政策制定者提供了宝贵的启示：通过优化金融服务和产品，提高金融市场的效率和创新能力，可以更好地支持低碳技术和项目，进而推动经济向更加绿色可持续的方向发展。

6.6　作用机制5：促进技术市场交易降低碳排放强度

在本次中介效应模型检验的回归分析中，我们检验了数字经济发展（Dige）通过促进技术市场发展水平（TM）的机制对碳排放强度（CI）的影响机制。

表6-6汇报了中介效应模型检验结果，可以看出：

表6-6　技术市场交易机制

变量	(1)	(2)	(3)
	FE	FE	FE
	CI	TM	CI
Tm	—	—	-11.868^* (6.481)

变量	（1）	（2）	（3）
	FE	FE	FE
	CI	TM	CI
Dige	−5.307***	0.103***	−4.021***
	（1.298）	（0.008）	（1.461）
School	49.398*	−0.824***	37.205
	（25.819）	（0.161）	（26.505）
Urbanization	0.003	−0.000**	0.001
	（0.009）	（0.000）	（0.009）
Transport	0.096	−0.006***	0.050
	（0.290）	（0.002）	（0.294）
FDI	1.357	0.026	1.799
	（5.071）	（0.031）	（5.072）
Open	−0.796	−0.002	−0.821
	（0.616）	（0.004）	（0.615）
Constant	2.805	0.077***	3.520
	（2.965）	（0.018）	（3.030）
Observations	660	658	658

在列（1）中，数字经济发展对碳排放强度有显著的负向影响，系数为−5.307，在1%的水平下显著。这表明随着数字经济的发展，碳排放强度显著降低，可能因为数字技术促进了能效提升和产业结构的优化。

在列（2）中，数字经济发展对技术市场发展水平有显著正面影响，系数为0.103，在1%的水平下显著。这说明随着数字经济的发展，技术市场得到了促进，反映了数字技术在推动技术创新和应用方面的重要作用。

在列（3）中，在考虑了技术市场发展作为中介变量之后，数字经济对CI的直接影响减少，系数变为−4.021，在1%的水平下显著。同时，TM对CI的负向影响显著，系数为−11.868，在10%的水平下显著，表明技术市场的发展有助于降低碳排放强度，可能因为技术市场的成熟促进了新技术的传播和应用。这意味着技术市场的发展在数字经济发展对碳排放强度的影响中起到了部分中介作用。

表6-6的回归结果揭示了数字经济通过促进技术市场的发展间接降低碳排放强度的机制。数字经济的发展不仅直接通过提升能效和优化产业结构降低碳排放，还通过激励技术市场的成长，加速新技术的传播和应用，从而进一步推动了低碳发展。这强调了在推动数字经济的同时，应重视技术市场的建设和完善，以实现经济增长与环境保护的协调发展。

综上，数字经济发展可以通过促进技术市场交易降低碳排放强度具有显著影响，此结果很好地验证了本章的研究假说H5。

根据表6-6的回归结果，首先，促进技术市场交易在数字经济降低碳排放强度中的作用显著。数字经济的发展显著促进了技术市场的发展，如列（2）所示，数字经济发展（Dige）对技术市场发展水平（TM）具有正面影响，这表明随着数字经济的增长，技术市场变得更为活跃，更有利于技术的交易和传播。其次，技术市场的发展对于降低碳排放强度至关重要。在列（3）中，技术市场发展水平对碳排放强度的负向影响显著，系数为-11.868，显示出技术市场的成熟对于推动环保技术的应用和普及，以及优化能源利用效率，具有显著作用。这种影响可能是因为活跃的技术市场促进了新技术的快速传播，特别是那些有助于提高能效和减少碳排放的技术。当考虑技术市场的中介作用时，列（3）显示，虽然数字经济对碳排放强度仍有直接的负向影响，但其影响幅度有所减小，这进一步证实了技术市场在数字经济和碳排放强度关系中的中介作用。

在数字经济的推动下，技术市场变得更加活跃和高效。数字平台提供了一个便利的渠道，使得最新的节能减排技术和创新能够被迅速地传播和采纳。这种高效的信息交流和技术传播机制，加速了绿色技术的市场渗透率，使得更多企业和消费者能够接触到并采用这些技术，从而在整个社会层面实现了能源效率的提升和碳排放的减少。

此外，数字经济还促进了技术市场的全球化，跨国界的技术合作和交易变得更为频繁，这不仅加速了全球范围内的技术创新和知识共享，也为发展中国家引进先进的低碳技术提供了更多机会。这种全球技术合作与交易有助于缩小不同国家和地区在绿色技术应用方面的差距，共同推动全球碳排放的降低。同时，数字经济的发展还促进了技术市场的金融创新，比如众筹、风险投资等新型融资模式，为绿色技术的研发和商业化提供了更加多元和灵活的资金支持。这些资金的注入不仅加速了绿色技术的市场化进程，也降低了企业采用这些技术的成本和门槛，进一步促进了碳排放强度的降低。

因此，通过促进技术市场交易，数字经济在降低碳排放强度方面起到了关键作用。这一结果强调了加强数字经济发展、激活技术市场交易的重要性，为政策制定者提供了重要的政策启示：应积极采取措施促进数字经济的进一步发展，同时加强技术市场的建设和完善，促进绿色技术的广泛传播和应用，以实现碳排放的持续降低和绿色可持续发展的目标。

综上所述，技术市场交易的促进在数字经济降低碳排放强度的过程中起着关键作用。通过激活技术市场，不仅可以促进环保技术的创新和应用，还能有效地将这些技术推广到更广泛的经济领域，从而实现能源的高效利用和碳排放的降低。因此，在推动数字经济发展的同时，应加强对技术市场的支持和激励，以充分发挥其在实现绿色低碳发展中的潜力。

6.7　本章小结

在本章中，我们深入探讨了数字经济发展降低碳排放强度的机制。首先，根据第3章中的理论分析，提出本章的五个研究假说，基于研究假说，我们采用中介效应模型进行机制检验。为实证检验数字经济可以通过促进市场中介发展降低碳排放强度、数字经济可以通过提升资源配置效率降低碳排放强度、数字经济可以通过促进研发创新降低碳排放强度、数字经济可以通过促进金融发展降低碳排放强度、数字经济可以通过促进技术市场交易降低碳排放强度的五个传导机制，依次采用中介效应模型进行检验。

在探究数字经济发展降低碳排放强度的市场中介发展作用机制时，通过中介效应模型的检验，我们发现数字经济（Dige）直接对碳排放强度（CI）产生了负向影响，市场中介组织和法律制度环境（Intermediary）的发展同样对 CI 产生了显著的负面影响，表明市场中介的成熟对于低碳经济转型是有益的。当控制中介变量后，数字经济对 CI 的直接影响减弱，显示市场中介在数字经济与碳排放强度之间起着部分中介作用。这些结果验证了研究假设 H1，即数字经济通过促进市场中介的发展，有效降低了碳排放强度，揭示了数字经济促进低碳转型的重要路径。

在分析数字经济发展对碳排放强度影响的资源配置效率机制时，通过中介效应模型的检验，回归结果显示，数字经济的提升直接对碳排放强度产生显著负向影响，同时，数字经济通过增强要素市场发育程度，进一步间接影响碳排放强度，体现了资源配置效率的重要中介作用。尽管要素市场的发育对碳排放强度的降低有显著作用，数字经济本身仍是降低碳排放的核心驱动力。这些结果验证了研究假设 H2，验证了数字经济发展通过提升资源配置效率在降低碳排放强度方面具有重要影响。

在探究数字经济如何通过研发创新降低碳排放强度的分析中，回归分析的结果表明，数字经济发展显著降低了碳排放强度，这一点在系数为 -5.307 且具有 1% 显著性水平的结果中得到了证实。这个结果说明数字经济直接对降低 CI 产生了积极影响。同时，随着数字经济的推进，研发强度得到了增强，这从系数为 0.035 的显著正向影响可以看出。当考虑到研发创新作为中介变量时，数字经济对 CI 的影响虽然有所减少，但系数 -3.266 在 5% 的显著性水平上仍显著，同时研发创新对 CI 的负向影响在 5%的显著性水平上也得到了验证。这些结果验证了研究假设 H3，研发创新在数字经济发展对降低碳排放强度的影响中起到了中介作用。因此，推动数字经济的同时，加强研发创新是降低碳排放并推进低碳转型的重要策略。

在采用中介效应模型探讨数字经济如何通过金融发展影响碳排放强度

的分析中，结果显示，数字经济的提升显著降低了碳排放强度（系数 -5.307，显著性水平 1%），同时，数字经济发展显著促进了金融市场的成长（系数 4.621，显著性水平 1%），表明数字经济进程强化了金融服务，提高了资金流动性。进一步分析发现，金融发展起到了中介作用，在数字经济与碳排放强度的关系中形成了桥梁，通过提高对低碳技术和环保项目的投资进一步降低了碳排放强度。这一结果支持了研究假设 H4，即数字经济通过促进金融发展显著降低碳排放强度，凸显了在推动数字化转型的同时，应重视金融市场的深化发展，以加强其在绿色低碳发展中的支撑作用。

在采用中介效应模型探讨数字经济发展通过促进技术市场交易来降低碳排放强度的作用机制中，结果表明，数字经济的发展直接降低了碳排放强度（系数 -5.307，显著性水平 1%），同时，数字经济的发展显著促进了技术市场的成长（系数 0.103，显著性水平 1%），这揭示了数字经济在推动技术创新和应用方面的重要性。当技术市场发展被考虑为中介变量时，它对减少碳排放强度有显著作用（系数 -11.868，显著性水平 10%），显示了技术市场的成熟对于促进新技术传播和应用的重要性。这表明技术市场交易的活跃对于数字经济减少碳排放的影响具有中介作用，强调了加强技术市场发展的重要性。因此，数字经济的发展通过激励技术市场的成长，间接推动了低碳技术的传播和应用，进一步促进了低碳发展，验证了研究假设 H5。

因此，本章实证研究了数字经济发展通过多个机制促进了碳排放强度的降低，数字经济为低碳转型提供了强有力的支持。未来，继续深化数字经济在这些领域的应用，将对实现可持续发展和应对气候变化挑战起到关键作用。

第7章 数字经济发展对碳排放强度的空间溢出效应分析

在探讨数字经济对碳排放强度产生的影响时，分析其空间溢出效应不仅是必要的，而且是洞察该问题全貌的关键。空间溢出效应指的是一个地区的经济活动、政策变化或技术进步对邻近地区产生的间接影响。对于数字经济与碳排放强度的关系而言，考察空间溢出效应至关重要，原因如下：

第一，揭示区域间相互影响机制。数字经济的发展不仅影响当地的碳排放强度，还可能通过贸易、技术传播和政策模仿等途径影响邻近地区。例如，一个地区在数字技术上的突破可能被其他地区采纳，从而在更广泛的范围内降低碳排放强度。没有空间溢出效应的分析，这种跨区域的互动和影响机制可能会被忽视。

第二，反映网络效应和数字化的本质。数字经济本质上是基于网络和连接的，其影响力往往超越了地理界限。在这种背景下，空间溢出效应反映了数字经济发展的内在特性，即其影响不局限于单一地区，而是通过网络扩散到更广泛的空间。此外，空间溢出效应的实现依赖于数字经济的扩散路径和机制。这可能包括技术转移、人才流动、资本投资、政策借鉴等多种形式。理解这些扩散机制对于把握空间溢出效应的动态特征至关重要，有助于识别促进或阻碍这些效应的关键因素。

第三，促进可持续发展目标的实现。考虑到联合国可持续发展目标

（SDGs）中对环境保护和经济增长的双重要求，分析数字经济发展对碳排放强度的空间溢出效应有助于实现这些目标。通过识别和利用正面的空间溢出效应，可以促进区域间的协同作用，实现经济增长和环境可持续性的平衡。并且，理解数字经济发展对碳排放强度的空间溢出效应有助于政府和决策者制定更加有效的区域性和国家级政策。通过识别哪些地区对空间溢出效应更为敏感，政策制定者可以有针对性地设计政策，促进技术共享、经验交流和协同减排，从而在更广泛的范围内优化资源配置和减少碳排放。

第四，揭示区域发展不均衡对空间溢出效应的影响。区域间的经济发展水平和技术基础存在显著差异，这可能影响空间溢出效应的方向和强度。在数字经济较为发达的地区，可能通过技术创新和效率提升减少碳排放；而这些创新和实践通过各种渠道传播到其他地区时，也可能促进这些地区碳排放强度的降低。因此，分析不同区域间的发展差异，有助于更精确地理解和预测空间溢出效应。与此同时，这也有助于反映环境外部性的区域差异。环境问题具有明显的外部性特征，而这种外部性在不同区域可能表现出不同的特征。数字经济发展对于减少碳排放的效果，可能因地区的环境承载力、资源禀赋、经济结构等因素而异。因此，分析空间溢出效应时需要考虑到这些区域特征，以确保政策和措施的适应性和有效性。

第五，促进跨界合作与区域一体化。跨界合作和区域一体化在促进数字经济的空间溢出效应中起着关键作用。通过跨区域的合作项目、政策协调和共享平台，可以有效地将一个地区的数字经济成果和经验扩散到其他地区，共同提升整体的环境表现。例如，区域一体化框架下的能源联网和智能城市联盟都是促进空间溢出效应的有效途径。

综上，分析数字经济发展对碳排放强度的空间溢出效应是深入理解该议题、制定有效政策、促进区域间协同和实现可持续发展目标的关键。通过这种分析，可以更全面地评估数字经济发展的环境影响。为此，下文采用空间计量模型，进一步探讨数字经济发展对碳排放强度的空间溢出效应。

7.1　模型设计

7.1.1　空间自相关检验

首先，本文采用全局 Moran's I 指数从整体上检验碳排放强度和数字经济的空间相关性。其计算方法如下：

$$\text{Moran's I} = \frac{n \sum\limits_{i=1}^{n} \sum\limits_{j=1}^{n} W_{ij} |x_i - \bar{x}| |x_j - \bar{x}|}{S^2 \sum\limits_{i=1}^{n} \sum\limits_{j=1}^{n} W_{ij}} \tag{7-1}$$

其中，S^2 表示样本方差；x_i 和 x_j 分别表示变量 x 在空间单位 i 地区和 j 地区的观测值；n 表示空间单元的个数，即省份的数量；$\bar{x}$ 表示变量 x 的均值；W_{ij} 为空间权重矩阵 W 的元素。I 的取值为 $[-1, 1]$，正值表示正向空间自相关（空间集聚现象），负值表示负向空间自相关（空间分散现象），1 表示完全空间集聚，-1 表示完全空间分散，0 表示随机分布。

其次，本书采用局域空间自相关统计量分析空间单元和邻近单元的相关程度，公式为：

$$\text{Moran's I}_i = Z_i \sum\limits_{i \neq j}^{n} W_{ij} Z_j \tag{7-2}$$

其中，Z_i 和 Z_j 为标准化后的观测值。I>0 代表该空间单元与邻近单元属性相似，I<0 则表明该空间单元与邻近单元属性相反。

7.1.2　空间计量模型选择

已有研究表明，不同地区之间的数字经济与碳排放强度存在空间相关性，使用传统的计量回归模型忽略数字经济发展和碳排放强度的空间异质性将导致计量结果会出现一定程度的偏误，因此本书选择空间面板模型来检验数字经济发展和碳排放强度的内在关系。常用的空间计量模型包括空间自回归模型（SAR），又称空间滞后模型（SLM）、空间误差模型（SEM）和空间杜宾模型（SDM）等。作为空间自回归模型（SAR）和空间误差模型（SEM）的一般形式，空间杜宾模型（SDM）能够同时考察解释变量对被解释变量的直接（来自自身）影响和间接（来自邻居）影响，不会产生有偏的估计系数，并且没有对潜在自变量的空间交互效应强加一些先验的约束条件（Elhorst，2014）。在一定条件下可以退化为空间自回归模型和空间误差模型。因此，本书也考虑了包含内生性的空间交互效应和外生性的空间交互效应的空间模型。在后续检验中，将通过 Wald 检验和 LR 检验验证空间杜宾模型（SDM）是否会退化为空间滞后模型和空间误差模型。

$$CI_{it} = \alpha_0 + \rho W_{ij} CIx_{it} + \gamma Dige_{it} + \gamma_1 con_{it} + \theta W_{ij} Dige_{it} + \theta_1 W_{ij} con_{it} + \varepsilon_{it} \qquad (7-3)$$

其中，α_0 表示截距项；ρ 表示空间滞后回归系数，反映空间相邻单元间碳排放强度的相互影响程度；γ 表示数字经济发展的回归系数；γ_1 表示控制变量回归系数；θ 表示数字经济的空间交互项系数；θ_1 表示控制变量的空间交互项系数；ε_{it} 表示随机误差项。

7.1.3 空间权重矩阵的构建

根据"地理学第一定律"，区域间的地理事物或属性在空间分布上存在相关性，研究区域间的空间依赖性首先需要构建区域之间的空间权重矩阵。本书采用空间地理反距离权重矩阵（W_1）和空间地理反距离平方权重矩阵（W_2），空间单元之间距离越近则空间效应越强。相比于空间地理反距离权重矩阵，反距离平方矩阵可以将距离差距进一步放大，但有些不相邻的地区距离较近，也会存在较强的空间效应。

$$W_1 = \begin{cases} 1/d_{ij}, & i \neq j \\ 0, & i = j \end{cases} \qquad (7-4)$$

$$W_2 = \begin{cases} 1/d_{ij}^2, & i \neq j \\ 0, & i = j \end{cases} \qquad (7-5)$$

$$d_{ij} = arcos[(sin\varphi_i \times sin\varphi_j) + (cos\varphi_i \times cos\varphi_j \times cos(\Delta\tau))] \times R \qquad (7-6)$$

其中，d_{ij} 表示 i 地区和 j 地区的省会距离；φ_i 和 φ_j 分别表示两个地区的纬度和经度；$\Delta\tau$ 表示两个地区之间的经度之差；R 表示地球半径，等于 6371.008 千米。

7.2 实证结果及分析

7.2.1 截面数据的空间相关性

在两种空间权重矩阵下，2015~2021 年碳排放强度和数字经济的全局局 Moran's I 指数均通过了显著性检验，并呈现出了正的空间相关性，表明碳排放强度和数字经济均存在空间依赖性和集聚性。省级碳排放强度和数字经济的全局 Moran's I 指数如表 7-1 所示。

表 7-1 省级碳排放强度和数字经济的全局 Moran's I 指数

年份	W_1		W_2	
	CI	Dige	CI	Dige
2015	0.020** (1.915)	0.040** (2.207)	0.087** (1.849)	0.117** (1.950)
2016	0.024** (2.043)	0.038** (2.153)	0.097** (1.983)	0.112** (1.881)
2017	0.026** (2.102)	0.045*** (2.378)	0.103** (2.067)	0.130** (2.120)
2018	0.022** (1.995)	0.036** (2.103)	0.092** (1.925)	0.113** (1.907)
2019	0.023** (2.005)	0.029** (1.906)	0.094** (1.933)	0.097** (1.703)
2020	0.021** (1.944)	0.026** (1.806)	0.088** (1.883)	0.090* (1.610)

年份	W_1		W_2	
	CI	Dige	CI	Dige
2021	0.017** 1.793	0.027** (1.803)	0.078** (1.724)	0.095** (1.681)

注：***、**和*分别表示在1%、5%和10%的水平上显著；括号内为z统计量值。

由于全局Moran's I均等化了各省份之间的差异，无法反映局部地区的空间关联特征，为了更直观地反映相邻省份之间的空间关联程度，本章选取空间地理反距离权重矩阵（W_1）对2015年和2021年省级数字经济和碳排放强度进行局部空间自相关分析。莫兰散点图反映了区域单元与其邻居之间四种类型的局部空间联系形式：第一象限（HH）表示高观测值被同是高值的区域所包围；第二象限（LH）表示低观测值被高值的区域所包围；第三象限（LL）表示低观测值被同是低值的区域所包围；第四象限（HL）表示高观测值被低值的区域所包围。

碳排放强度的莫兰散点图如图7-1和图7-2所示。一方面，中国大多数省份的碳排放强度指标落在了LL聚集区域，表示碳排放强度发展水平低的地区都被水平低的地区包围，形成了碳排放强度的低水平聚集现象。处于第三象限的省份，例如北京、上海、广东等经济集聚水平较高，存在规模效益、技术溢出、知识创新、跨区域合作等正向外部性，能够有效提高区域内和周边区域的生产率和竞争力（陈晓峰与周晶晶，2020）。同时，经济集聚也促进了产业结构的优化升级，增加了服务业和高附加值产业的比重，降低了高耗能产业的比重，从自身内部降低了碳排放强度（郭丰与任毅等，2023）。

另一方面，处于第一象限的省份绝大部分都集中在中国西北地区，说明西北地区的碳排放强度相对较高。这与中国西北地区的自然条件、资源禀赋、人口结构、市场化水平等方面与其他地区的差异有关。中国区域发展不平衡不充分问题长期存在，西北地区仍然面临产业单一、环境恶化等问题，不仅影响了经济增长的质量和效益，也制约了碳排放强度的下降，

Moran scatterplot（Moran's I=0.0202）CI

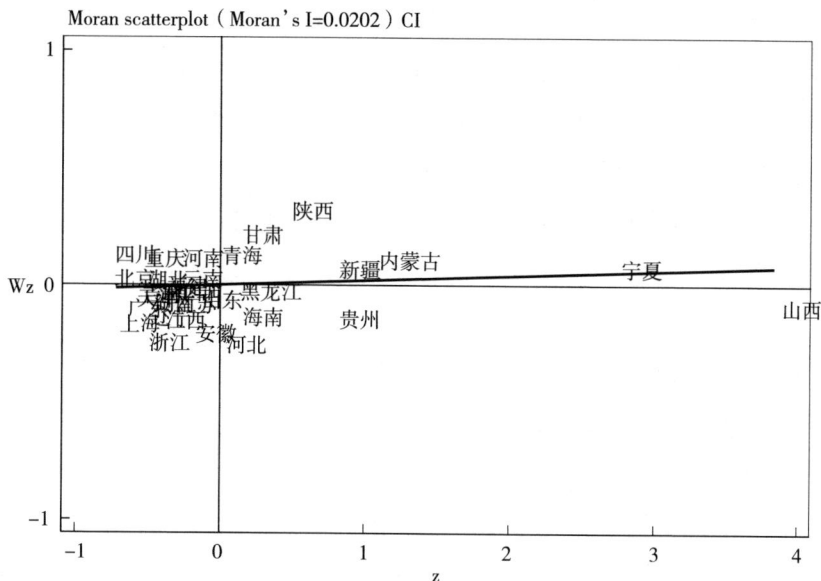

图 7-1　2015 年省级碳排放强度的莫兰散点图

Moran scatterplot（Moran's I=0.0165）CI

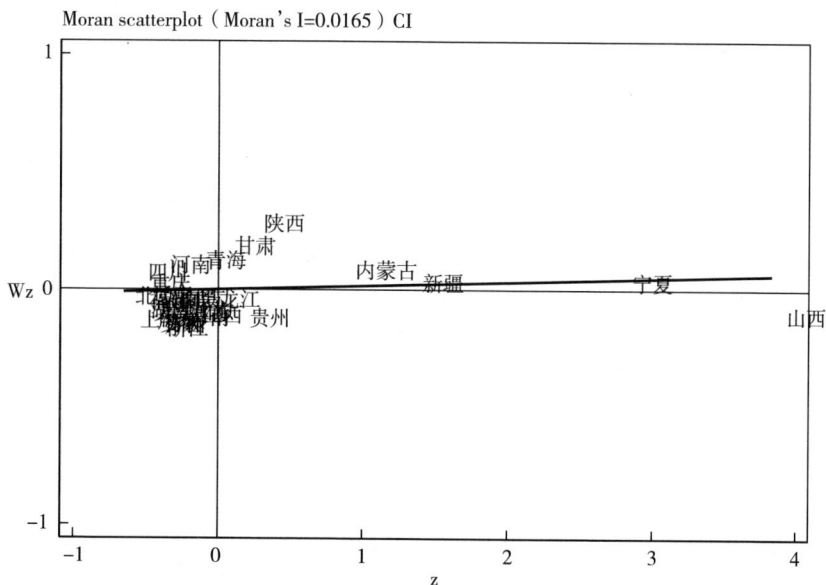

图 7-2　2021 年省级碳排放强度的莫兰散点图

使得高水平聚集现象难以消除（陈菡和陈文颖等，2020）。中国东部区域各省份的碳排放强度水平落在了 LL 聚集区域。从自身内部而言，相比中西部地区，东部地区的科技创新能力较强，能够利用先进的技术和设备提高能源利用效率，降低碳排放强度（程钰和张悦等，2023）。同时，环境规制要求和环保意识的提高使得东部地区能源强度较低，通过节能减排和优化能源消费结构，能够使得碳排放强度同样处于较低的水平（徐维祥等，2023）。

从空间关联性而言，东部地区各省份的地理邻近程度较高，信息交流和技术共享便利，市场机制和政策协调较为灵活，形成了空间关联网络（孙久文等，2017），促进了东部地区省份碳排放强度的一致性。

数字经济的莫兰散点图如图 7-3 和图 7-4 所示。首先，中国大多数省份的数字经济指标落在了第一象限和第二象限。处于第一象限的省份绝大部分都集中在中部和东部沿海地区，说明中部地区、东部沿海地区的数字经济水平相对较高。具体而言，中部地区、东部沿海地区的数字基础设施较为完善，尤其是东部沿海地区拥有一批国家级新型基础设施建设重点项目，为数字经济发展提供了坚实的基础保障。其次，健全的数字基础设施通过跨区域的网络连接和资源共享等方式与周边地区形成了紧密的联系，持续打造稳定产业链、供应链和创新链（张辉与吴唱唱，2023），形成了空间正向关联的格局。最后，西部地区各省份的数字经济水平落在了 LL 聚集区域。西部地区在数字基础设施有待提升、数字技术创新水平仍然较低。同时，缺少与之适配的数字应用型人才，多种因素制约了数字经济的发展力和竞争力的提高。

7.2.2 LM 检验

由于 Moran's I 统计量仅能检验研究对象是否存在空间相关性，而不能确定空间关系以何种形式存在。首先通过 LM 及稳健的 LM 检验是否选用空间计量模型，然后根据 LMerr、LMerr-Robust 检验确定空间误差相关是否存在，并通过 LMsarlag、LMsar/lag-Robust 检验确定空间滞后相关是

Moran scatterplot（Moran's I=0.0396）Dige

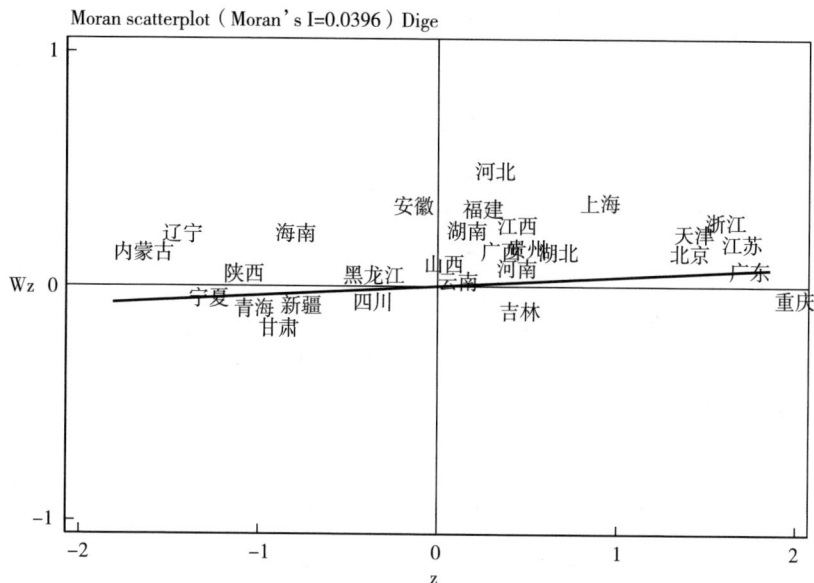

图 7-3　2015 年数字经济的莫兰散点图

Moran scatterplot（Moran's I=0.0275）Dige

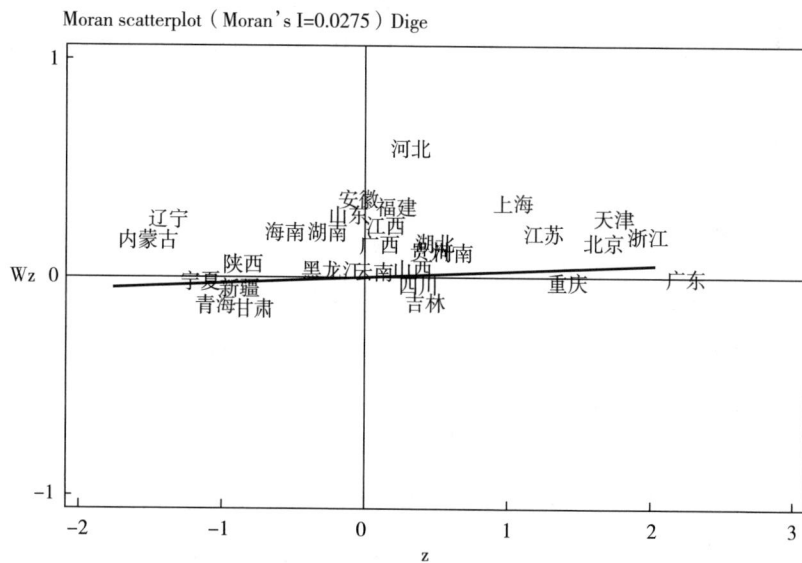

图 7-4　2021 年数字经济的莫兰散点图

否存在。在两种空间权重矩阵下，检验结果均拒绝 LM 检验原假设，表明无论使用何种空间权重，选择空间计量模型相对于非空间模型能更好地揭示数字经济集聚影响碳排放强度的成因机理（见表 7-2）。

表 7-2　空间计量模型 LM 检验

Test		W$_1$		W$_2$	
		Statistic	P-value	Statistic	P-value
Spatialerror	Moran's I	15.353	0.000	13.128	0.000
	Lagrange Multiplier	188.331	0.000	152.557	0.022
	Robust Lagrange Multiplier	25.715	0.000	5.223	0.000
Spatiallag	Lagrange Multiplier	166.843	0.002	154.283	0.000
	Robust Lagrange Multiplier	4.227	0.040	6.949	0.000

显然，LM 检验或稳健 LM 检验的结果拒绝非空间计量模型，数字经济发展对于省级碳排放强度的影响同时具有空间滞后效应和空间误差效应。因此，选择同时包含空间滞后模型（SAR，侧重于处理因变量的空间相关性问题）和空间误差模型 SEM（侧重于处理随机扰动项的空间相关性问题）的空间杜宾模型（SDM）。在使用 SDM 模型时，必须检验 SDM 能否简化为 SAR 和 SEM，其中检验原假设为"H$_0$：θ=0""H$_0$：θ+ρβ=0"，可以通过似然比（LR）来检验两个原假设。

7.2.3　LR 检验和 Hausman 检验

本章主要研究在碳排放强度存在空间相关性的情况下，数字经济整体集聚以及不同集聚方式下的空间溢出效应，即同时考虑被解释变量和解释变量的空间滞后相关性。因此，本部分同时估计 SAR、SEM 和 SDM 结果，之后通过 LR 检验确定最优模型，并通过 Hausman 检验判别是固定效应模型还是随机效应模型。结果表明两种空间权重矩阵下，LR 检验均在1% 的显著性水平下拒绝了"SDM 模型可以简化为 SAR 模型"的原假设，在 5% 的显著性水平下拒绝了"SDM 模型可以简化为 SEM 模型"的原假设。同时，SDM 模型通过了在 1% 的显著性水平通过了的 Hausman 检验。

因此，应该选择具有固定效应的空间杜宾模型。

7.2.4　空间计量模型的实证分析

数字经济对碳排放强度的空间估计结果如表 7-3 所示。首先，无论在何种空间权重矩阵下，SDM 模型的空间自回归系数（rho）均显著为负，这表明省份间的碳排放强度存在显著的空间负相关性。这种空间依赖关系意味着一个省份的碳排放强度降低可能会对其邻近省份产生正面影响，导致邻近省份的碳排放强度也随之降低。这种现象可能是由于环境政策、技术创新、经济活动等方面的空间溢出效应。在制定碳减排策略时，需要考虑这种空间相互作用，通过促进区域间的合作和信息共享，实现更广泛区域的碳排放减少。其次，核心解释变量数字经济与碳排放强度显著负相关，这表明数字经济的发展有助于降低碳排放强度。这可能是因为数字经济促进了生产效率的提高、能源使用的优化以及清洁能源和低碳技术的广泛应用。数字经济通过改变传统的生产和消费模式，有助于实现经济增长与环境保护的双赢。因此，鼓励数字经济的发展，特别是在能源密集型行业中推广数字化转型，可以作为降低碳排放强度的有效手段。最后，高等学校在校学生人数占比对于碳排放强度在一定程度上具有负向促进作用。这可能是由于教育水平的提升促进了公众环保意识的增强、绿色消费行为的形成以及对新技术和创新的接受度提高。此外，较高的教育水平也有助于培养更多的技术人才和科研人员，推动清洁能源和低碳技术的研发与应用。因此，投资教育，尤其是在科学和技术领域的教育，对于实现长期的碳排放降低具有重要意义。

表 7-3　数字经济对碳排放强度的空间估计

	W_1			W_2		
	SDM	SAR	SEM	SDM	SAR	SEM
Main						
Dige	-7.8626 *** (1.8486)	-5.7461 *** (1.7491)	-7.8493 *** (1.8218)	-6.3845 *** (1.7913)	-5.7322 *** (1.7905)	-7.2545 *** (1.8126)

续表

	W₁			W₂		
	SDM	SAR	SEM	SDM	SAR	SEM
School	−63. 5047 **	−43. 3830 *	−61. 5896 **	−47. 8988 *	−45. 2918 *	−62. 7471 **
	(25. 7169)	(24. 1921)	(24. 5364)	(24. 5637)	(24. 8645)	(24. 6075)
Urban	−0. 1256 ***	−0. 1083 ***	−0. 0934 ***	−0. 1371 ***	−0. 1071 ***	−0. 0941 ***
	(0. 0278)	(0. 0262)	(0. 0243)	(0. 0286)	(0. 0269)	(0. 0252)
Transport	0. 7271	0. 1481	0. 2269	0. 8391 *	0. 2332	0. 2938
	(0. 5100)	(0. 4555)	(0. 4469)	(0. 4800)	(0. 4631)	(0. 4532)
FDI	−3. 6817	−3. 5446	−6. 1222	−3. 5589	−3. 3400	−5. 6409
	(4. 2979)	(3. 9501)	(4. 2141)	(4. 1352)	(4. 0415)	(4. 1950)
Open	−0. 0318	0. 2750	−0. 2715	0. 3109	0. 2407	−0. 1354
	(0. 6458)	(0. 6044)	(0. 6108)	(0. 6375)	(0. 6184)	(0. 6160)
Wx						
Dige	−60. 7834 ***	—	—	−26. 3975 ***	—	—
	(16. 8976)			(7. 4831)		
School	−6. 3e+02 ***	—	—	−3. 2e+02 ***	—	—
	(228. 6849)			(92. 9454)		
Urban	0. 0499	—	—	0. 0590	—	—
	(0. 1874)			(0. 0781)		
Transport	−1. 3982	—	—	−0. 9515	—	—
	(4. 6552)			(2. 1301)		
FDI	−24. 0655	—	—	−6. 3843	—	—
	(26. 6596)			(12. 3696)		
Open	−2. 8011	—	—	−0. 7869	—	—
	(4. 0256)			(1. 7038)		
Spatial						
rho	−1. 6463 ***	−1. 1665 ***	—	−0. 6211 ***	−0. 4758 ***	—
	(0. 3784)	(0. 3556)		(0. 1749)	(0. 1690)	
lambda	—	—	−1. 7662 ***	—	—	−0. 6893 ***
			(0. 3900)			(0. 1772)
Variance						
sigma2_ e	0. 0583 ***	0. 0680 ***	0. 0619 ***	0. 0622 ***	0. 0712 ***	0. 0671 ***
	(0. 0062)	(0. 0069)	(0. 0066)	(0. 0063)	(0. 0071)	(0. 0068)

	W₁			W₂		
	SDM	SAR	SEM	SDM	SAR	SEM
LR_Direct						
Dige	−5.3273 *** (1.8691)	−5.9635 *** (1.9038)	—	−4.7606 ** (1.8687)	−5.8319 *** (1.9048)	—
School	−36.7916 (25.0610)	−46.5468 * (24.5869)	—	−28.5720 (24.6052)	−47.6328 * (24.7691)	—
Urban	−0.1367 *** (0.0279)	−0.1104 *** (0.0265)	—	−0.1444 *** (0.0283)	−0.1070 *** (0.0266)	—
Transport	0.8547 * (0.4730)	0.1404 (0.4505)	—	0.9303 ** (0.4594)	0.2256 (0.4490)	—
FDI	−2.7769 (4.0614)	−3.8222 (4.0481)	—	−3.3186 (3.9854)	−3.5376 (4.0604)	—
Open	0.1271 (0.6416)	0.3215 (0.6349)	—	0.3997 (0.6406)	0.2802 (0.6366)	—
LR_Indirect						
Dige	−20.4896 *** (7.7109)	3.2738 ** (1.2865)	—	−15.2389 *** (5.3626)	1.9543 ** (0.9210)	—
School	−2.3e+02 ** (100.7049)	25.7342 * (14.9863)	—	−2.0e+02 *** (66.0738)	16.2201 (10.3149)	—
Urban	0.1197 (0.0772)	0.0602 *** (0.0191)	—	0.1045 ** (0.0513)	0.0354 ** (0.0141)	—
Transport	−1.1989 (1.9067)	−0.0709 (0.2516)	—	−1.0750 (1.4310)	−0.0708 (0.1577)	—
FDI	−8.4865 (10.6341)	2.1082 (2.2905)	—	−3.3398 (8.0559)	1.1927 (1.4476)	—
Open	−1.0292 (1.6972)	−0.1784 (0.3569)	—	−0.5665 (1.1922)	−0.0954 (0.2228)	—
LR_Total						
Dige	−25.8169 *** (7.7229)	−2.6897 *** (0.9570)	—	−19.9995 *** (5.4357)	−3.8777 *** (1.3091)	—
School	−2.7e+02 *** (99.7710)	−20.8126 * (11.5576)	—	−2.3e+02 *** (65.1059)	−31.4127 * (16.4724)	—

	W₁			W₂		
	SDM	SAR	SEM	SDM	SAR	SEM
Urban	−0.0170 (0.0751)	−0.0502*** (0.0159)	—	−0.0399 (0.0530)	−0.0716*** (0.0205)	—
Transport	−0.3443 (1.8928)	0.0696 (0.2091)	—	−0.1447 (1.4311)	0.1547 (0.3034)	—
FDI	−11.2634 (11.2313)	−1.7140 (1.9128)	—	−6.6584 (8.9572)	−2.3449 (2.7614)	—
Open	−0.9021 (1.7375)	0.1431 (0.2932)	—	−0.1667 (1.2831)	0.1848 (0.4290)	—
N	210	210	210	210	210	210
R^2_a	0.2010	0.2751	0.2320	0.2089	0.2565	0.2329

注：括号内为稳健标准误，＊＊＊、＊＊和＊分别表示在1%、5%和10%的水平下显著。

由于 SDM 模型的参数估计结果不能准确地反映数字经济发展降低碳排放强度的直接效应和空间效应，需要采用偏微分法将数字经济发展对碳排放强度的影响系数进行分解，空间效应分解结果如表7-3所示。就直接效应而言，所有模型均显著拒绝"Dige"直接效应为"0"的原假设。由于内生交互效应（Wx）的存在，模型 SAR、SEM、SDM 的结构是不同的，这些交互效应产生了反馈效应，会影响一些"邻近"地区的数字经济的这种效应传递到周边"邻近"地区，且把源于"邻近"地区的变化的影响传回本地区。例如，在矩阵 W₁ 下，SDM 模型中的数字经济的直接效应是 5.3273，对应的估计系数是−7.8626，这说明数字经济的反馈效应为 5.3273−（−7.8626）= 13.1899，反馈效应相当于估计系数的 167.8%。

与直接效应相反，间接效应（溢出效应）之间的差异比较大。与 SDM 相比 SAR、SEM 模型可能不会产生溢出效应或者产生错误的溢出效应。在 SEM 模型中它的值为 0，在 SAR 模型中它的值是复数且显著。但是，SAR 模型存在一个解释问题，对于模型中的某个自变量 x_k，直接效应与间接效应的比值与自变量 x_k 的系数无关，即对于每一个自变量其溢出效应和直接效应的比率是相同的，其大小只依赖于空间回归系数 rho 和空间权重矩阵 W，也就是说使用 SAR 模型会过于僵化，不利于建立有效模型。然而，SDM 模型的某个自变量的间接效应与直接效应的比值不仅依赖于空间回归系数 rho 和空间权重矩阵 w，同时还依赖于自变量 x_k 的空间滞后项 w_{xk} 的估计系数，说明 SDM 模型是相对更优的模型，与上文通过统计量检验结果选择出 SDM 模型的结果具有一致性。具体来看，SDM 模型的直接效应的 t 值相对稳定，估计系数差距较小，不论在何种空间权重矩阵下，间接效应均超过了直接效应，且间接效应占总效应的比值分别为 79.37%（W_1）和 76.20%（W_2）。

7.3　本章小结

本章基于 2015～2021 年中国 30 个省份的面板数据，采用空间计量经济学的方法，实证分析了数字经济对碳排放强度的影响机制和效应大小。主要结论如下：

第一，通过空间计量模型的实证分析，发现中国省份的碳排放强度和数字经济存在显著的空间聚集现象，且空间相关性随着时间的推移不断变化的趋势。这表明空间因素在碳排放强度和数字经济的演变过程中起着重要的作用。这种空间聚集现象表明，具有相似数字经济水平的地区往往在地理上彼此靠近，同样，碳排放强度也表现出相似的地理分布特征。这可能与地区间经济活动的相似性、产业结构的接近性以及共享的环境政策和技术水平有关。空间相关性随时间变化的趋势表明，随着时间的推移，省份之间在碳排放强度和数字经济发展水平上的相互影响可能在增强或减弱。这种变化可能反映了区域间合作的加强、环境技术的传播、产业转移或政策调整等因素的影响。认识到这一动态特征有助于预测未来的发展趋势，并为长期的环境政策制定提供依据。

第二，通过构建不同的空间权重矩阵，选择了最优的空间计量模型，即空间杜宾模型（SDM），并进行了参数估计和效应分解。结果表明，数字经济对碳排放强度具有显著的负向影响，这意味着数字经济的发展有助于降低碳排放，推动低碳经济转型。这种影响不仅限于本地区（直接效应），还包括邻近地区（间接效应），且间接效应大于直接效应，说明数字经济的发展不仅能改善本地区的碳排放状况，还能通过空间溢出效应促进周边地区的碳排放降低。

第三，通过对比不同地区的碳排放强度和数字经济水平，发现中国存在明显的区域差异，东部沿海地区的碳排放强度较低，数字经济水平较高，而西部地区则相反。具体而言，东部沿海地区由于其经济集聚效应、先进的产业结构、较高的科技创新能力以及相对严格的环境规制，通常拥有更高的数字经济水平和更低的碳排放强度。这些地区往往更倾向于发展服务业和高技术产业，这些产业的能源效率较高，碳排放相对较低。相比之下，西部地区由于自然条件的限制、资源型产业的集中、相对滞后的经济发展和较低的市场化水平，其数字经济发展程度较低，碳排放强度相对较高。这些地区的经济活动往往更加依赖于传统的、能源密集型的产业，如矿产开采和重工业，导致碳排放水平较高。面对区域差异，需要一个长期的视角和综合性的策略，考虑经济发展、社会公平和环境保护的平衡。这不仅涉及政策制定和资源配置，还需要激发地方政府和社会各界的积极性，形成共同推进中国低碳转型和数字经济发展的强大合力。

本章的研究为理解数字经济对碳排放强度的影响提供了新的视角和证据，也为制定相关的政策和措施提供了参考依据。基于此，政策制定者应考虑在区域协调发展策略中加入数字经济和低碳经济转型的目标。通过鼓励数字技术的发展和应用，可以促进经济增长的同时降低碳排放。同时，加强省份间的合作和经验分享，可以利用空间溢出效应，实现区域内更广泛的碳排放减少。

第8章 研究结论与政策建议

8.1 研究结论

本书首先对中国数字经济发展与碳排放强度的文献综述进行了总结和评价。数字经济是一种新型的经济形态，它通过多种机制对碳排放强度产生了显著的影响。本书从市场中介、资源配置、研发创新、金融发展和技术市场交易五个方面分析了二者的影响机制，认为数字经济既有助于降低碳排放强度，也揭示了数字经济与碳排放之间复杂的非线性关系和空间效应。本书强调了这些研究对中国乃至全球实现碳减排目标和可持续发展的重要意义，同时也指出了这些研究的局限性和不足。

接下来，本书采用了五项指标和熵权法构建了数字经济发展水平的综合指数，对中国各省份的数字经济发展水平进行了测度和评价，并分析了区域差异的特征。同时，本书也测度了碳排放总量和碳排放强度，对中国各省份的碳排放情况进行了分析和对比。中国各地区的碳排放强度与其经济发展水平、能源结构、产业结构、环境政策等因素密切相关，呈现出复杂的区域差异和动态变化。从东部、中部、西部和东北四个地区的角度，分别对其碳排放强度的表现和影响因素进行了详细的分析，并进行了比较分析。各地区在降低碳排放强度方面都取得了一定的成效，但也面临着不同的挑战和困难。

8.1.1 数字经济对碳排放强度的影响效应

本书探讨数字经济发展对碳排放强度的影响机制和效果，以验证数字经济是否能够有效地促进低碳转型。为此，我们提出了数字经济发展可以显著降低碳排放强度的研究假说，并采用了面板数据模型、核密度分布图、区域异质性分析和分位数回归分析等方法，对中国 2000～2021 年 30 个省份的数据进行了实证检验。

研究结果表明：首先，数字经济发展与碳排放强度之间存在着显著的负相关关系，即数字经济的发展有助于降低碳排放强度，这一结果在基准回归、内生性检验和其他稳健性检验中均得到了一致的支持。这意味着随着数字经济的不断发展和深入，碳排放强度有显著的下降趋势，这一发现强有力地支持了我们的研究假设，即数字经济的发展有助于降低碳排放强度，能够有效促进低碳转型。其次，数字经济对碳排放强度的影响存在着显著的区域异质性，即数字经济的减排效果在不同的地区，即东中西部有所差异，这一结果通过核密度分布图和区域异质性分析得到了证实。这一发现提示我们，在推动数字经济发展的同时，需要考虑地区经济和技术的发展差异，制定和实施更为针对性的政策措施，以充分发挥数字经济在不同地区降低碳排放强度中的潜力。数字经济对碳排放强度的影响存在着显著的分位数异质性，即数字经济的减排效果在不同的碳排放水平上有所不同，这一结果通过分位数回归分析得到了证实。具体来说，在低碳排放水平上，数字经济的发展对碳排放强度的影响较弱，而在高碳排放水平上，数字经济的发展对碳排放强度的影响较强，说明数字经济的减排效益在高碳排放水平上更为明显。综上所述，数字经济发展是一种有效的低碳转型路径，它可以通过提高产业能效、优化能源结构、促进绿色创新等途径，降低碳排放强度，实现经济增长与环境保护的协调发展。同时，这一研究结果也揭示了数字经济对碳排放强度的影响存在着显著的异质性，这意味着在不同的地区和碳排放水平上，数字经济的减排作用有所不同，因此，需要根据不同的情况，制定相应的政策措施，以充分发挥数字经济的减排潜力，推动低碳转型的进程。

8.1.2　数字经济对碳排放强度的影响机制

进一步分析数字经济发展对碳排放强度的影响机制，以揭示数字经济如何通过不同的途径促进低碳转型。为此，我们基于第三章的理论分析，提出了五个研究假说，分别涉及市场中介、资源配置效率、研发创新、金融发展和技术市场交易五个传导机制，并采用了中介效应模型进行实证检验。研究结果表明：数字经济发展通过促进市场中介的发展，有效降低了碳排放强度，这一结果揭示了市场中介在数字经济促进低碳转型中的重要作用。市场中介的功能主要体现在两个方面：市场中介组织和法律制度环境。这些中介机构通过各种方式促进了数字技术的普及和应用，从而提高了整体的产业能效，优化了能源使用结构，并最终实现了碳排放的减少。市场中介组织，如技术交易平台、行业协会、咨询公司等，通过收集和整合市场信息，降低了企业获取技术和市场信息的成本，增强了市场的透明度。这种信息的有效流通有助于企业及时了解和采纳最新的低碳技术和管理方法，优化生产流程，减少能源浪费。同时，市场中介还通过提供专业的评估和认证服务，增加了市场参与者之间的信任，降低了合作风险，促进了技术合作和知识共享，进一步推动了低碳技术的传播和应用。法律制度环境作为市场中介的另一个重要组成部分，通过建立健全的法律法规和政策体系，为数字经济的发展和低碳转型提供了规范和保障。有效的法律制度能够保护知识产权，激励技术创新，同时通过设立环保标准和实施绿色税收政策等手段，引导企业采取更为环保的生产方式。此外，法律制度还能通过促进公平竞争和防止市场垄断，为新兴的低碳技术提供更广阔的发展空间。因此，市场中介的发展在数字经济背景下对于促进低碳转型具有不可忽视的作用。通过提供有效的信息服务、降低交易成本、构建信任关系以及保护各方权益，市场中介有助于加速数字技术的普及和应用，推动产业升级和能效提升，从而实现碳排放强度的降低。

数字经济发展通过提升资源配置效率，显著降低了碳排放强度，这一结果凸显了资源配置效率在数字经济促进低碳转型中的重要作用。资源配置效率的提升主要反映在要素市场的成熟度和完善度上，这关乎资源如何在经济体中被高效地分配和利用，以实现最佳的经济产出和环境效益。在数字经济的推动下，要素市场的发育得到了加速，尤其是在资本、技术和信息三大要素上的流动性、配置效率和利用效率得到了显著提升。数字化平台和技术如区块链、人工智能、大数据分析等，为资源配置提供了更加透明、高效和灵活的机制。这些技术不仅优化了资源的分配，还促进了跨行业、跨地域的资源整合，使得资源能够在全球范围内被更加有效地利用。进一步地，数字经济通过促进技术市场的活跃和创新文化的建设，加速了新技术的开发和应用，这对提升产业能效和推动能源结构的优化至关重要。例如，数字技术在能源管理、智能制造、绿色建筑等领域的应用大大提升了能源的使用效率，降低了生产和运营过程中的碳排放。同时，数字经济还通过提升信息的透明度和可获取性，减少了市场信息不对称的问题，提高了市场的有效性。这使得企业和消费者能够更加容易地识别和采纳低碳和环保的产品和服务，从而推动了整个社会的低碳转型。

数字经济发展通过促进研发创新，显著降低了碳排放强度，这一结果揭示了研发创新在数字经济促进低碳转型中的重要作用。研发强度的增加不仅体现在研发投入的增加，更重要的是在于研发产出和研发效率的提升，这直接推动了数字技术的革新和广泛应用，从而有效提高了产业的能效，优化了能源结构，并最终实现了碳排放的降低。在数字经济的背景下，研发创新的范畴被大大拓宽，不仅包括传统的技术研发，还涵盖了新兴的数字技术、智能制造、绿色能源等领域。这些创新活动得益于数字化工具和平台的支持，如云计算、大数据分析、人工智能等，这些工具不仅提高了研发的效率，还拓展了研发的可能性和广度，使得创新更加多元化和高效。此外，数字经济还通过搭建开放的创新生态系统，促进了跨行业、跨领域的合作与知识共享，这为研发创新提供了更加广阔的平台。在这样的生态系统中，企业、研究机构、政府和公众可以共同参与到创新过程中，共享研发资源和成果，从而加速了技术的迭代和普及。在研发创新的推动下，产业能效得到显著提升，能源结构得到优化，如通过研发创新推动了可再生能源技术的突破、智能电网的建设、节能减排技术的应用等，这些都直接或间接地降低了碳排放强度。因此，研发创新在数字经济推动低碳转型的过程中扮演了核心角色。

数字经济发展通过促进金融发展，显著降低了碳排放强度，这一结果凸显了金融发展在数字经济促进低碳转型中的重要作用。数字经济的蓬勃发展，通过加速金融领域的成长和创新，显著地促进了碳排放强度的下降。这一变化不仅体现了金融发展在推动经济向低碳转型方向演进中的核心地位，还展示了金融市场成熟度提升对环境保护的积极影响。金融发展在这一进程中的作用主要表现在以下几个方面：提升金融服务的质量和效率、增强金融资源在各行业中的配置能力以及提升对金融风险的管理和应对能力。随着金融市场的不断成熟，金融服务的水平得到显著提升，这为数字技术的创新和广泛应用提供了坚实的资金支持和金融环境。特别是在绿色金融和可持续投资方面，金融机构通过提供贷款、投资、保险等多样化金融产品和服务，直接支持了清洁能源、节能减排技术等绿色项目的发展。这种金融支持不仅加速了这些项目的实施和推广，还提高了社会对可持续发展和环境保护重要性的认识。金融资源配置效率的提高，意味着资金能够更加精准地流向那些能够促进能效提升和碳排放降低的项目和企业。在数字经济的背景下，金融机构利用大数据、区块链等技术对投资项目进行评估和筛选，能够更加科学地判断项目的环境效益和经济效益，从而优化资源配置，推动经济结构的绿色转型。此外，金融风险管理能力的增强，尤其是对与气候变化相关的金融风险的识别和应对，对于降低碳排放具有重要意义。金融机构通过分析环境、社会和治理（ESG）因素，可以更好地识别和管理与气候变化相关的风险，促使企业采取更加环保的生产方式和商业模式，进一步降低整个社会的碳排放强度。

数字经济发展通过促进技术市场交易，显著降低了碳排放强度，这一结果揭示了技术市场交易在数字经济促进低碳转型中的重要作用。在数字经济的背景下，技术市场变得更加开放和透明，数字平台如在线技术交易市场、创新孵化器等为技术的买卖提供了便捷的渠道，大幅降低了技术转移和应用的门槛。这不仅加速了新技术的市场推广速度，也促进了技术创新成果的广泛分享和利用，加快了低碳技术在各行各业中的渗透。此外，技术市场交易的活跃还促进了全球范围内的技术合作与交流，跨国界的技术转移和合作项目得以增多，这为低碳技术的国际传播和应用提供了更广阔的舞台。特别是对发展中国家而言，通过技术市场交易引进先进的低碳技术，能够有效加速其低碳转型过程，实现碳排放的降低。同时，技术市场的成长还促进了金融资本对创新技术的投资，尤其是对那些能够显著提升能效和减少碳排放的绿色技术。这种投资不仅加速了技术创新和商业化的过程，也为低碳产业的发展提供了强大的资金支持，进一步推动了碳排放强度的降低。

综合来看，数字经济发展是一种有效的低碳转型路径，它可以通过市场中介、资源配置效率、研发创新、金融发展和技术市场交易等多个机制，降低碳排放强度，实现经济增长与环境保护的协调发展。同时，本书的研究结果也为政策制定提供了有益的启示，即在推动数字经济的发展的同时，应重视这些机制的发挥，加强市场中介、要素市场、研发创新、金融市场和技术市场的建设和完善，以充分发挥数字经济的减排潜力，推动低碳转型的进程。

8.1.3 数字经济对碳排放强度的空间溢出效应

通过空间计量模型的实证分析，本书揭示了中国省份的碳排放强度和数字经济的空间分布特征，发现二者存在显著的空间聚集现象，即碳排放强度高的地区和数字经济发达的地区往往相邻或相近，而碳排放强度低的地区和数字经济落后的地区也往往相邻或相近。这说明碳排放强度和数字经济受到地理位置、交通条件、资源禀赋、经济联系等空间因素的影响，形成了一定的空间依赖和空间正反馈。此外，本书还发现中国省份的碳排放强度和数字经济的空间相关性随着时间的推移不断变化的趋势，表明空间因素在碳排放强度和数字经济的演变过程中起着动态的作用，不能被忽视。

本书通过构建不同的空间权重矩阵，选择了最优的空间计量模型，即空间杜宾模型（SDM），并进行了参数估计和效应分解。结果表明，数字经济对碳排放强度具有显著的负向影响，即数字经济的发展有利于降低碳排放强度，实现低碳经济转型。这与数字经济能够提高资源利用效率、促进产业结构优化、增强环境意识和治理能力等理论预期相符。此外，本书还发现数字经济对碳排放强度的影响不仅表现在本地区的直接效应，还表现在邻近地区的间接效应，且间接效应大于直接效应，说明数字经济具有显著的空间溢出效应。这意味着数字经济的发展不仅能够改善本地区的碳排放状况，还能够带动周边地区的碳排放水平的下降，形成良性的区域协同效应。这为区域间的数字经济合作和碳排放减缓提供了新的思路和机遇。

本书通过对比不同地区的碳排放强度和数字经济水平，发现中国存在明显的区域差异，东部沿海地区的碳排放强度较低，数字经济水平较高，而西部地区则相反。这与东部地区的经济集聚、科技创新、产业结构、环境规制等因素有关，而中西部地区则面临着自然条件、资源禀赋、人口结构、市场化水平等方面的制约。这说明中国的数字经济发展和碳排放强度降低还存在着较大的潜力和空间，需要加强区域协调发展，促进数字经济的均衡发展，提高碳排放强度的空间一致性。具体而言，东部地区应该继续发挥数字经济的引领和示范作用，推动数字经济的深度融合和高质量发展，同时加强对中西部地区的技术支持和资源转移，帮助中西部地区提升数字经济的发展水平和碳排放的治理能力。中西部地区则应该借鉴东部地区的成功经验，加快数字经济的发展步伐，优化产业结构和能源结构，降低碳排放强度，实现绿色发展。

8.2 政策建议

基于上述研究结论，并结合当前中国数字经济发展和碳排放强度现状，本书提出如下政策建议：

第一，加强数字基础设施建设。一是实施国家和地方级的重大数字基础设施项目。加速 5G 网络的建设和覆盖，特别是在工业园区、商业中心和科教区域，以支持高速、大容量的数据传输和智能化应用。在关键领域和行业，如智慧城市、智能交通、精准农业、智能电网等，推广物联网技术的应用，提升资源管理和利用的效率。鼓励公私合作，建设和扩展云计算平台，为企业和个人提供可靠、安全的云服务，促进数据和资源的共享。二是确保广泛覆盖，特别是在偏远和欠发达地区强化数字基础设施建设。通过政府补贴、公私伙伴关系（PPP）等方式，降低偏远和欠发达地区接入高速互联网的成本，提高当地居民和企业的数字接入能力。开展数字技能培训和普及活动，提升偏远地区居民对数字技术的认知和使用能力，确保数字红利惠及更广泛的群体。设立专项基金，专门用于支持偏远和欠发达地区的数字基础设施建设，包括网络建设、数据中心建设等。三是加强跨部门和跨区域协调。建立跨部门合作机制，协调通信、能源、环保等部门的资源和政策，共同推动数字基础设施的绿色化和低碳化。通过区域合作框架，促进不同地区在数字基础设施建设和技术应用方面的信息交流和资源共享，尤其是将东部地区的先进经验和技术向中西部地区转移。

第二，促进数字技术在能源和产业领域的应用。一是制定行业数字化指南。为建筑、制造、物流等关键行业制定详细的数字化转型指南，明确数字化转型的路径、目标和关键技术应用。比如，在建筑行业推广智能楼宇管理系统，利用物联网和大数据技术优化能源使用，如智能照明、温控系统等；在制造业推广先进的自动化和机器人技术，提高生产效率，减少能源和原材料的浪费；在物流行业推广智能调度和运输管理系统，通过优化物流路径和提高装载率，降低运输过程中的能耗和碳排放。二是建立评价和监督机制。具体包括，建立企业数字化转型和能效提升的评价体系，定期评估企业在节能减排方面的表现，并向社会公开。对于有效执行节能减排措施的企业给予奖励，对于不达标企业实施必要的惩戒措施，确保政策的执行效果。三是加强数字技术培训和知识传播。组织专业培训和研讨会，提高企业管理者和技术人员对节能减排数字技术的了解和应用能力。建立行业知识共享平台，促进节能减排技术的信息交流和经验分享，加速技术推广和应用。

第三，增强低碳技术的研发创新和技术转移。一是加大关键低碳技术研发投资。政府应设立专项基金，支持清洁能源、碳捕捉与存储（CCS）技术、智能交通系统等关键低碳技术的研发。通过税收减免、补贴等激励措施，鼓励企业参与低碳技术的研发，特别是鼓励私营部门与公共研究机构的合作。识别并扶持一批具有行业领先潜力的低碳技术研发项目，提供资金、政策和技术支持。二是建立跨行业、跨地区研发合作网络。通过政策引导和支持，鼓励不同行业间的研发合作，共享资源和技术，以加速低碳技术的开发和应用。通过建立区域研发合作网络，促进东部发达地区与中西部地区在低碳技术研发上的合作，共享研发成果。三是建立国家级技术转移平台。建立一个全国性的技术转移服务平台，为技术的发现、评估、交易和转移提供便利，特别是促进低碳技术的广泛传播和应用。提供专业的技术转移顾问服务，帮助中西部地区选择适合本地实际情况的低碳技术和解决方案，并提供本地化应用指导。定期举办技术转移成果展示会，分享成功的技术转移案例，尤其是那些已在中西部地区成功应用的低碳技术案例，以提高技术转移的吸引力和实用性。

第四，进一步推动绿色金融发展。一是建立和完善绿色金融产品体系。鼓励商业银行和金融机构开发绿色信贷产品，为节能减排、污染治理、生态保护等绿色项目提供优惠的贷款条件。支持企业和政府部门通过发行绿色债券筹集资金，专门用于资助低碳技术开发、清洁能源项目和其他环保活动。开发绿色基金、绿色保险等新型绿色金融产品，吸引更多投资者参与到绿色经济的建设中来。二是为低碳项目和绿色企业提供融资支持。通过政府和私人资本合作，设立绿色发展基金，专门用于支持低碳项目和绿色企业的发展。为利用绿色金融产品的企业和项目提供税收减免、财政补贴等优惠政策，降低其融资成本。建立风险分担和保证机制，鼓励金融机构为高风险但有潜力的低碳创新项目提供融资。三是利用数字技术提升绿色金融的透明度和效率。利用区块链技术提高绿色金融项目的透明度，通过不可篡改的记录确保项目的真实性和可靠性，增强投资者信心。通过数字平台对绿色项目进行全周期管理，从项目评估、资金使用到成效监测，确保资金的有效使用和项目的实际效果。利用智能合约自动执行与绿色项目相关的支付和结算，减少人工干预，提高效率和减少纠纷。四是提升绿色项目的社会信任度。建立绿色项目认证和评级系统，为投资者提供权威的项目信息，帮助其做出更加明智的投资决策。强制性要求绿色项目和企业定期披露运营和环保效益数据，提高透明度，增强投资者和公众的信任。开展绿色金融投资者教育和培训项目，提高投资者对绿色经济和可持续投资的认识和理解。

第五，完善数字经济和低碳发展相关的法律制度和市场机制。一是制定和完善相关法律法规。建立全面的数字经济法律框架，包括电子商务、云计算、大数据、人工智能等方面的法律法规，以促进数字经济的健康发展。强化数据安全和个人隐私保护的法律规定，确保在数字经济快速发展的同时，个人和企业的数据安全得到有效保障。加强知识产权保护，特别是在数字内容、软件和数字创新方面，鼓励创新同时保护创作者和企业的合法权益。二是完善和优化市场化机制。建立和完善碳定价机制，如碳税或碳排放权交易制度，通过市场手段反映碳排放的社会成本，激励企业和个人减少碳排放。推动碳交易市场的建设和发展，提供标准化的碳排放权交易平台，促进碳排放权的有效配置，降低减排成本。建立绿色产品和服务的认证体系，引入绿色标签制度，帮助消费者识别和选择低碳环保的产品和服务，促进绿色消费。三是提高数字技术在碳交易中的应用。利用区块链等数字技术，实现碳资产的数字化管理，确保碳交易的透明度、安全性和可追溯性。在碳交易中引入智能合约技术，自动执行碳交易合同，提高交易效率，降低交易成本。开发基于数字技术的碳足迹计算和监测工具，帮助企业和个人准确评估自身的碳排放，制定减排策略。四是加强国际合作和标准协调。加强与国际社会在数字经济和低碳发展法律法规方面的交流和合作，推动国际标准的统一和协调。积极参与国际碳市场的建设和运作，通过国际碳交易获取减排资金和技术支持，提升我国在全球碳市场中的地位和影响力。

第六，加强数字经济和低碳技术发展的跨区域合作与交流。一是建立区域性低碳发展合作机制。在"一带一路"框架内，加强与沿线国家和地区在绿色能源、生态保护、绿色基础设施建设等领域的合作。推动绿色投资原则，确保项目的环境可持续性。与邻国合作建立跨境生态走廊，共同保护和恢复重要的自然生态系统，促进生物多样性保护。加强与发展中国家的南南合作，通过三方合作机制（发达国家、发展中国家与国际组织）共同实施低碳发展项目，分享技术和经验。二是促进技术、资金和经验的共享。建立技术转移和共享机制，鼓励发达地区向落后地区转移适用的低碳技术，降低技术转移的成本和壁垒。组织专业工作组和圆桌会议，围绕特定主题深入讨论，如绿色能源转型、智慧城市建设、碳市场建设等，促进专业知识和经验的深入交流。举办技术展览和交易会，展示最新的低碳和数字技术，促进技术成果的展示和商业化合作。

第七，提升公众环保意识和数字素养。一是开展多层次公共宣传和教育活动。通过媒体宣传、社会活动等形式，普及低碳生活的重要性和紧迫性，强调每个人在减少全球温室气体排放中的角色和责任。开发专门的应用程序和网站，提供有关低碳生活方式的信息和建议，如能源节约、循环利用和绿色出行等，并通过社交媒体扩大宣传范围。二是鼓励公众使用数字技术参与环保活动。提供易于使用的在线碳足迹计算器，帮助公众评估自己的生活方式对环境的影响，并提供改善建议。开发和推广能够帮助消费者识别和选择环保产品和服务的应用程序，如使用可持续原料的商品、节能电器等。三是在学校和社区推广数字技能教育。在学校教育体系中整合必要的数字技能课程，从小培养学生的信息技术应用能力，并将环保教育融入其中，培养学生的环保意识。在社区中心举办数字技能培训工作坊，特别是针对中老年人群，提高他们使用智能设备和应用程序参与环保活动的能力。四是推广环保与数字技术结合的示范项目。在城市和乡村地区建立一系列低碳社区示范项目，展示如何通过数字技术实现能源效率、废物减少和绿色出行等。鼓励学校采用智能技术管理能源消耗、优化资源利用，并将此作为教学案例，丰富学生的环保和数字技术实践经验。建立公众可以参与的环保决策和讨论平台，利用数字技术收集公众意见和建议，提高环保政策的透明度和公众的参与度。

8.3 研究展望

虽然本书对数字经济发展对碳排放的影响效应和作用机制进行了深入探讨，揭示了数字技术在促进能源效率提升和碳排放降低方面的潜力，但是在这一研究领域，仍然存在许多未被充分探索的问题和方向。随着数字技术的不断进步和应用范围的扩大，未来的研究可以在以下几个方面进行进一步深化和拓展：

从数字经济的内涵和外延方面，可以进一步拓展数字经济的定义和范围，以适应数字技术的快速发展和创新。随着数字技术的不断演进和应用，数字经济的内涵和外延可能会发生变化，需要不断更新和完善。例如，随着5G、物联网、区块链等技术的广泛应用，数字经济可能涉及更多的行业和领域，如智慧城市、智能制造、数字农业、数字医疗等，这些领域的碳排放情况和减排潜力也值得关注和研究。因此需要根据数字技术的发展动态，及时调整和完善数字经济的统计口径和测算方法，以更全面和准确地反映数字经济的规模和影响。

从数字经济的结构和质量方面，可以进一步分析数字经济的内部差异和优化路径，以提升数字经济的绿色发展水平。目前，数字经济的发展还存在着一些问题和挑战，如数字产品的生命周期较短，导致电子废弃物的增加和资源浪费；数字基础设施的建设和运营消耗大量的能源，导致碳排放的增加和环境压力的加剧；数字技术的应用还不够广泛和深入，导致数字鸿沟的扩大和数字福利的不均衡等。因此，需要从数字经济的结构和质量方面，探索如何提高数字产品的循环利用率，降低数字基础设施的能耗强度，扩大数字技术的普惠效应，以实现数字经济的绿色转型和可持续发展。

从数字经济的影响和作用方面，可以进一步探讨数字经济对其他行业和领域的碳排放的影响机制和效果，以发挥数字经济的减排带动作用。目前，数字经济已经成为推动经济社会发展的重要动力，数字技术在各个行业和领域都有广泛的应用和创新，如数字化、智能化、网络化、平台化等，这些应用和创新对其他行业和领域的碳排放产生了深刻的影响，既有正面的促进作用，也有负面的抵消作用。因此，需要从数字经济的影响和作用方面，分析数字技术在不同行业和领域的应用和创新对碳排放的影响机制和效果，如数字技术是如何提高能源效率、优化能源结构、促进绿色创新、改变消费模式等，以及这些影响是如何随着时间、空间、条件等因素的变化而变化的。这样可以更好地评估和利用数字经济的减排带动作用，为其他行业和领域的低碳转型提供支持和引领。

从碳排放的测量方法方面，可以进一步完善和改进碳排放的统计口径和测算方法，以提高碳排放数据的准确性和可比性。目前，碳排放的测量方法主要有两种：一种是基于能源消费的方法，即根据能源消费量和碳排放系数计算碳排放量；另一种是基于生产活动的方法，即根据生产活动的类型和强度计算碳排放量。这两种方法各有优劣，但也存在一些问题和挑战，如能源消费的方法忽略了非能源的碳排放，如土地利用变化、农业活动等；生产活动的方法忽略了国际贸易的碳排放转移，如碳泄漏、碳外包等。因此，需要根据不同的研究目的和背景，选择合适的碳排放的测量方法，或者综合运用多种方法，以更全面和客观地反映碳排放的真实情况。

从碳排放的分布特征方面，可以进一步分析碳排放的空间分布和时间分布，以揭示碳排放的规律和趋势。目前，碳排放的空间分布主要表现为碳排放的地域差异和城乡差异，即碳排放的水平和强度与地理位置、经济发展水平、人口密度、城市化程度等因素有关，形成了一定的空间格局和空间依赖。碳排放的时间分布主要表现为碳排放的季节差异和日变化，即碳排放的水平和强度与气候条件、节假日、工作日、用电高峰等因素有关，形成了一定的时间规律和时间波动。因此，需要运用空间数据分析和时间序列分析等方法，分析碳排放的空间分布和时间分布的特征和影响因素，以更好地把握碳排放的变化规律和未来趋势。

从碳排放的影响因素方面，可以进一步探讨碳排放的驱动力和制约力，以识别碳排放的关键因素和潜在因素。目前，碳排放的影响因素主要包括经济因素、能源因素、技术因素、政策因素等，这些因素对碳排放的影响是多样化的。因此，需要探讨碳排放的影响因素的作用机制和作用效果，以识别碳排放的驱动力和制约力，为碳排放的控制和减缓提供依据和方向。

参考文献

［1］Andersson, F. N. , P. Karpestam. CO_2 Emissions and Economic Activity: Short-and Long-run Economic Determinants of Scale, Energy Intensity and Carbon Intensity ［J］. Energy Policy, 2013（61）: 1285-1294.

［2］Badi, S. Facilitating ESCO Market Development through Value Co-creation: Role of Utility Sector Intermediaries ［J］. Energy Effic, 2021, 14（06）: 56.

［3］Bai, L. , T. Guo, et al. Effects of Digital Economy on Carbon Emission Intensity in Chinese Cities: A Life-cycle Theory and the Application of Non-linear Spatial Panel Smooth Transition Threshold Model ［J］. Energy Policy, 2023（183）: 113792.

［4］Bai, T. , Y. Qi, et al. Digital Economy, Industrial Transformation and Upgrading, and Spatial Transfer of Carbon Emissions: The Paths for Low-carbon Transformation of Chinese Cities ［J］. Environ Manage, 2023（344）: 118528.

［5］Brodny, J. , M. Tutak. Assessing the Level of Digital Maturity of Enterprises in the Central and Eastern European Countries Using the MCDM and Shannon's Entropy Methods ［J］. Plos one, 2021, 16（07）: e253965.

［6］Cai, X. , X. Song. The Nexus between Digital Finance and Carbon Emissions: Evidence from China ［J］. Front Psychol, 2022（13）: 997692.

［7］ Carlsson, B. The Digital Economy：What Is New and What Is Not? ［J］. Structural Change and Economic Dynamics, 2004, 15 (03)：245-264.

［8］ Chang, J. The Role of Digital Finance in Reducing Agricultural Carbon Emissions：Evidence from China's Provincial Panel Data ［J］. Environ Sci Pollut Res Int, 2022, 29 (58)：87730-87745.

［9］ Chen, F. , G. Jiang. How Does the Digital Service Trade Nonlinearly Affect Carbon Emissions? Empirical Evidence from G20 Countries ［J］. Environ Sci Pollut Res Int, 2023, 30 (59)：123022-123038.

［10］ Cheng, S. , G. Qu. Research on the Effect of Digital Economy on Carbon Emissions under the Background of "Double Carbon" ［J］. Int J Environ Res Public Health, 2023, 20 (06)：122-135.

［11］ Cheng, Y. , Y. Zhang, et al. The Impact of the Urban Digital Economy on China's Carbon Intensity：Spatial Spillover and Mediating Effect ［J］. Resources, Conservation and Recycling, 2023 (189)：106762.

［12］ Cheng, Z. , L. Li, et al. Industrial Structure, Technical Progress and Carbon Intensity in China's Provinces ［J］. Renewable and Sustainable Energy Reviews, 2018 (81)：2935-2946.

［13］ Ding, C. , C. Liu, et al. Digital Economy, Technological Innovation and High-quality Economic Development：Based on Spatial Effect and Mediation Effect ［J］. Sustainability, 2021, 14 (01)：216.

［14］ Dong, F. , M. Hu, et al. How Does Digital Economy Affect Carbon Emissions? Evidence from Global 60 Countries ［J］. Sci Total Environ, 2022 (852)：158401.

［15］ Duren, R. M. , C. E. Miller. Measuring the Carbon Emissions of Megacities ［J］. Nature Climate Change, 2012, 2 (08)：560-562.

［16］ Elhorst J P. Spatial Econometrics from Cross-Sectional Data to Spatial Panels ［M］. Heidelberg：Springer, 2014.

［17］ Guo, B. , Y. Wang, et al. Impact of the Digital Economy on High-quality Urban Economic Development: Evidence from Chinese Cities [J]. Economic Modelling, 2023 (120): 106194.

[18] Han, L. , Z. Zhang. Impact of Digital Finance on Enterprise Green Innovation: From the Perspective of Information Asymmetry, Consumer Demand and Factor Market Distortions [J]. PLoS One, 2023, 18 (12): e0295809.

[19] Hao, X. , S. Wen, et al. Can the Digital Economy Development Curb Carbon Emissions? Evidence from China [J]. Front Psychol, 2022 (13): 938918.

[20] Haq, I. U. , B. Mehmed, et al. Nexus between Export Variety and Carbon Emissions in Pakistan: The role of FDI and Technological Development [J]. PLoS One, 2022, 17 (01): e0263066.

[21] Huang, J. , Q. Liu, et al. The Effect of Technological Factors on China's Carbon Intensity: New Evidence from A Panel Threshold Model [J]. Energy Policy, 2018 (115): 32-42.

[22] Jiang, B. , L. Ding, et al. Driving Impact and Spatial Effect of the Digital Economy Development on Carbon Emissions in Typical Cities: A Case Study of Zhejiang, China [J]. Environ Sci Pollut Res Int, 2023, 30 (48): 106390-106407.

[23] Ji, H. , B. Xiong, et al. Impact of Digital Trade on Regional Carbon Emissions [J]. Environ Sci Pollut Res Int, 2023, 30 (48): 105474-105488.

[24] Ji, Y. , J. Dong, et al. Research on Carbon Emission Measurement of Shanghai Expressway under the Vision of Peaking Carbon Emissions [J]. Transportation Letters, 2023, 15 (07): 765-779.

[25] Konopik, J. , D. Blunck. Development of an Evidence-Based Conceptual Model of the Health Care Sector Under Digital Transformation: Integrative Review [J]. Med Internet Res, 2023 (25): e41512.

［26］ Liao, B. , L. Li. How Can Green Building Development Promote Carbon Emission Reduction Efficiency of the Construction Industry? —Based on the Dual Perspective of Industry and Space ［J］. Environ Sci Pollut Res Int, 2022, 29 （07）: 9852-9866.

［27］ Li, N. , B. Shi, et al. Analysis of the Coupling Effect and Space-Time Difference between China's Digital Economy Development and Carbon Emissions Reduction ［J］. Int J Environ Res Public Health, 2023, 20 （01）: 163-174.

［28］ Li, Q. , S. Zhao. The Impact of Digital Economy Development on Industrial Restructuring: Evidence from China ［J］. Sustainability, 2023, 15 （14）: 10847.

［29］ Liu, J. , S. Li, et al. Regional Differences and Driving Factors Analysis of Carbon Emission Intensity from Transport Sector in China ［J］. Energy, 2021 （224）: 120178.

［30］ Liu, X. , S. Li. The Impact of Criminal Law Regulation-based Business Environment Optimization on Entrepreneurial Spirit and Enterprise Development ［J］. Front Psychol, 2022 （13）: 944146.

［31］ Liu, X. , Y. Chong, et al. Digital Financial Development, Synergistic Reduction of Pollution, and Carbon Emissions: Evidence from Biased Technical Change ［J］. Environ Sci Pollut Res Int, 2023, 30 （50）: 109671-109690.

［32］ Liu, Y. , X. Zhao, et al. The Dynamic Impact of Digital Economy on the Green Development of Traditional Manufacturing Industry: Evidence from China ［J］. Economic Analysis and Policy, 2023 （80）: 143-160.

［33］ Li, Y. , X. Yang, et al. Energy Structure, Digital Economy, and Carbon Emissions: Evidence from China ［J］. Environmental Science and Pollution Research, 2021 （28）: 64606-64629.

［34］ Li, Z. , J. Wang. The Dynamic Impact of Digital Economy on Carbon Emission Reduction: Evidence City – level Empirical Data in China [J]. Journal of Cleaner Production, 2022 (351): 131570.

[35] Lu, C., B. Wang, et al. A Document Analysis of Peak Carbon Emissions and Carbon Neutrality Policies Based on a PMC Index Model in China [J]. Int J Environ Res Public Health, 2022, 19 (15) 173–191.

[36] Ma, X., C. Wang, et al. Carbon Emissions from Energy Consumption in China: Its Measurement and Driving Factors [J]. Science of the Total Environment, 2019 (648): 1411–1420.

[37] Mei, B., A. A. Khan, et al. Variation of Digital Economy's Effect on Carbon Emissions: Improving Energy Efficiency and Structure for Energy Conservation and Emission Reduction [J]. Environ Sci Pollut Res Int, 2023, 30 (37): 87300–87313.

[38] Miao, Z. Digital Economy Value Chain: Concept, Model Structure, and Mechanism [J]. Applied Economics, 2021, 53 (37): 4342 – 4357.

[39] Pan, W., T. Xie, et al. Digital Economy: An Innovation Driver for Total Factor Productivity [J]. Journal of Business Research, 2022 (139): 303–311.

[40] Pan, X., S. Guo, et al. China's Carbon Intensity Factor Decomposition and Carbon Emission Decoupling Analysis [J]. Energy, 2022 (239): 122175.

[41] Shan, Y., D. Guan, H. Zheng. China CO_2 Emission Accounts 1997–2015 [J]. Scientific Data, 2018, 5 (01): 1–14.

[42] Tang, Z., Z. Mei, et al. Identification of the Key Factors Affecting Chinese Carbon Intensity and Their Historical Trends Using Random Forest Algorithm [J]. Journal of Geographical Sciences, 2020 (30): 743–756.

[43] Wang, Z., B. Zhang, et al. Empirical Analysis on the Factors Influencing National and Regional Carbon Intensity in China [J]. Renewable and

Sustainable Energy Reviews, 2016 (55): 34-42.

[44] Williams, L. D. Concepts of Digital Economy and Industry 4.0 in Intelligent and Information Systems [J]. International Journal of Intelligent Networks, 2021 (02): 122-129.

[45] Xu, J. , W. Li. The Impact of the Digital Economy on Innovation: New Evidence from Panel Threshold Model [J]. Sustainability, 2022, 14 (22): 15028.

[46] Yang, S. , J. He. Analysis of Digital Economy Development Based on AHP-Entropy Weight Method [J]. Journal of Sensors, 2022 (02): 1-8.

[47] Yan, X. , Y. Deng, et al. Study on the Impact of diGital Economy Development on Carbon Emission Intensity of Urban Agglomerations and Its Mechanism [J]. Environmental Science and Pollution Research, 2023, 30 (12): 33142-33159.

[48] Yu, Z. , S. Liu, et al. Has the Digital Economy Reduced Carbon Emissions?: Analysis Based on Panel Data of 278 Cities in China [J]. International Journal of Environmental Research and Public Health, 2022, 19 (18): 11814.

[49] Zhang, J. , W. Zhao, et al. The Impact of Digital Economy on the Economic Growth and the Development Strategies in the Post-COVID-19 Era: Evidence from Countries along the "Belt and Road" [J]. Frontiers in Public Health, 2022 (10): 856142.

[50] Zhang, L. , R. Mu, et al. Digital Economy, Energy Efficiency, and Carbon Emissions: Evidence from Provincial Panel Data in China [J]. Science of The Total Environment, 2022 (852): 158403.

[51] Zhang, W. , S. Zhao, et al. Study on the Effect of Digital Economy on High - quality Economic Development in China [J]. PloS one, 2021, 16 (09): e0257365.

[52] Zhang, W. , X. Liu, et al. Digital Economy and Carbon Emission

Performance：Evidence at China's City Level ［J］. Energy Policy，2022（165）：112927.

［53］Zheng，M.，C. Y. Wong. The Impact of Digital Economy on Renewable Energy Development in China ［J］. Innovation and Green Development，2024，3（01）：100094.

［54］白丽飞. 数字经济的碳减排效应研究——兼论财政政策和市场机制的叠加作用［J］. 甘肃社会科学，2023（06）：224-236.

［55］曹薇，赵伟，司玉静. 数字经济对低碳发展的影响效应研究——基于绿色技术创新的调节效应与门槛效应分析［J］. 软科学，2023，37（09）：47-54.

［56］常皓亮. 数字经济、绿色技术创新与碳排放强度——基于我国城市面板数据的经验研究［J］. 商业研究，2023（02）：73-80.

［57］常皓亮，金碚，薛飞. 大数据战略对电力消费碳排放的影响——基于国家级大数据综合试验区的准自然实验［J］. 经济与管理研究，2023，44（05）：93-109.

［58］常皓亮，夏飞龙. 数字经济赋能低碳发展：机制识别与空间溢出［J］. 科技进步与对策，2023，40（10）：48-57.

［59］陈波，徐换歌，倪晨旭. 新型基础设施建设与城市绿色低碳发展——基于"宽带中国"战略的经验证据［J］. 兰州学刊，2023（04）：31-47.

［60］陈德球，胡晴. 数字经济时代下的公司治理研究：范式创新与实践前沿［J］. 管理世界，2022，38（06）：213-240.

［61］陈福中，蒋国海. 数字经济的减排效应——基于285个地级市的空间面板数据［J］. 兰州学刊，2023（05）：75-93.

［62］陈菡，陈文颖，何建坤. 实现碳排放达峰和空气质量达标的协同治理路径［J］. 中国人口·资源与环境，2020，30（10）：12-18.

［63］陈梦根，张鑫. 数字经济的统计挑战与核算思路探讨［J］. 改革，2020（09）：52-67.

［64］陈梦根，周元任. 数字经济、分享发展与共同富裕［J］. 数量经济技术经济研究，2023，40（10）：5-26.

［65］陈诗一. 中国碳排放强度的波动下降模式及经济解释［J］. 世界经济，2011，34（04）：124-143.

［66］陈晓峰，周晶晶. 生产性服务业集聚、空间溢出与城市绿色全要素生产率——来自长三角城市群的经验证据［J］. 经济经纬，2020，37（04）：89-98.

［67］陈昕，金殿臣，张亚豪. 数字经济能否助力"双碳"目标的实现——基于中国省级面板的实证分析［J］. 社会科学家，2023（08）：70-76.

［68］陈中伟，汤灿. 数字经济发展对农业碳排放的影响及其时空效应［J］. 科技管理研究，2023，43（12）：137-146.

［69］程钰，张悦，王晶晶. 中国省域碳排放绩效时空演变与技术创新驱动研究［J］. 地理科学，2023，43（02）：313-323.

［70］程云洁，段鑫. 数字经济能促进城市减霾降碳吗？——基于八大国家级大数据试验区的准自然实证分析［J］. 软科学，2024，38（01）：8-15.

［71］邓荣荣，张翔祥. 中国城市数字金融发展对碳排放绩效的影响及机理［J］. 资源科学，2021，43（11）：2316-2330.

［72］董瑞媛，周晓唯. 数字经济与碳排放的脱钩水平及其空间关联网络特征［J］. 统计与决策，2023，39（18）：129-133.

［73］董昕，张朝辉. 数字经济、城市空间结构与碳排放效率［J］. 城市问题，2023（08）：15-25.

［74］杜欣. 数字经济促进碳减排的机制与效应——基于绿色技术进步视角的经验考察［J］. 科技进步与对策，2023，40（19）：22-32.

［75］范合君，潘宁宁，吴婷. 数字经济发展的碳减排效应研究——基于223个地级市的实证检验［J］. 北京工商大学学报（社会科学版），2023，38（03）：25-38.

［76］范翔宇，卢新海，刘进进．数字经济发展对城市土地绿色利用效率的影响——基于基础设施建设的调节效应分析［J］．中国土地科学，2023，37（05）：79-89．

［77］方明月，聂辉华，阮睿等．企业数字化转型与经济政策不确定性感知［J］．金融研究，2023（02）：21-39．

［78］方颖，余兴锦．产业数字化的减污与降碳效应——基于"生产率悖论"的研究视角［J］．系统工程理论与实践，2023（02）：1-25．

［79］费威，于宝鑫，王维国．数字经济发展与碳减排——理论推演与实证检验［J］．经济学家，2022（11）：74-83．

［80］冯博，王雪青．中国各省建筑业碳排放脱钩及影响因素研究［J］．中国人口·资源与环境，2015，25（04）：28-34．

［81］冯兰刚，阳文丽，王忠等．中国数字经济与城市碳排放强度：时空演化与作用机制［J］．中国人口·资源与环境，2023，33（01）：150-160．

［82］冯子洋，宋冬林，谢文帅．数字经济助力实现"双碳"目标：基本途径、内在机理与行动策略［J］．北京师范大学学报（社会科学版），2023（01）：52-61．

［83］傅华楠，李晓春．数字经济驱动中国农业现代化的机制与效应［J］．华南农业大学学报（社会科学版），2023，22（03）：18-31．

［84］甘天琦．数字经济的减碳效应研究——基于要素配置的视角［J］．华中师范大学学报（人文社会科学版），2023，62（06）：60-73．

［85］高鹏，岳书敬．全球价值链嵌入是否降低了中国产业部门隐含碳——兼论产业数字化的调节效应［J］．国际贸易问题，2022（07）：53-67．

［86］高维龙，彭影，胡续楠．"双碳"目标下数字经济对城市节能减排的影响研究［J］．城市问题，2023（03）：25-37．

［87］葛立宇，莫龙炯，黄念兵．数字经济发展、产业结构升级与城市碳排放［J］．现代财经（天津财经大学学报），2022，42（10）：

20-37.

[88] 葛立宇，于井远．智慧城市建设与城市碳排放：基于数字技术赋能路径的检验［J］．科技进步与对策，2022，39（23）：44-54.

[89] 郭爱君，张传兵．数字经济如何影响碳排放强度？——基于产业结构高级化与合理化的双重视角［J］．科学学与科学技术管理，2023：1-28.

[90] 郭丰，任毅，柴泽阳．"双碳"目标下数字基础设施建设与城市碳排放——基于"宽带中国"试点政策的准自然实验［J］．中国经济问题，2023（05）：164-180.

[91] 郭丰，杨上广，任毅．数字经济、绿色技术创新与碳排放——来自中国城市层面的经验证据［J］．陕西师范大学学报（哲学社会科学版），2022，51（03）：45-60.

[92] 郭风，孙仁金等．数字经济、技术创新与碳生产率［J］．调研世界，2022（09）：12-19.

[93] 郭吉涛，朱义欣．数字经济影响企业信用风险的效应及路径［J］．深圳大学学报（人文社会科学版），2021，38（06）：69-80.

[94] 郭劲光，王虹力．数字赋能下减排战略的创新性选择——基于"宽带中国"试点政策的准自然实验［J］．产业经济研究，2022（04）：101-113+142.

[95] 郭沛，王光远．数字经济的减污降碳协同作用及机制——基于地级市数据的实证检验［J］．资源科学，2023，45（11）：2117-2129.

[96] 国瀚文．双碳政策视阈下数字经济绿色发展的法治保障研究［J］．法律适用，2022（09）：50-60.

[97] 韩凤芹，陈亚平．数字经济的内涵特征、风险挑战与发展建议［J］．河北大学学报（哲学社会科学版），2022，47（02）：54-61.

[98] 韩中，陈耀辉，时云．国际最终需求视角下消费碳排放的测算与分解［J］．数量经济技术经济研究，2018，35（07）：114-129.

[99] 何维达，温家隆，张满银．数字经济发展对中国绿色生态效率

的影响研究——基于双向固定效应模型［J］.经济问题，2022（01）：1-8+30.

［100］何小钢，张耀辉.技术进步、节能减排与发展方式转型——基于中国工业36个行业的实证考察［J］.数量经济技术经济研究，2012a，29（03）：19-33.

［101］何小钢，张耀辉.中国工业碳排放影响因素与CKC重组效应——基于STIRPAT模型的分行业动态面板数据实证研究［J］.中国工业经济，2012b（01）：26-35.

［102］侯建，白婉婷.环境规制视角下数字经济发展的碳减排效应检验［J］.统计与决策，2023，39（19）：164-166.

［103］胡汉辉，申杰.数字经济、绿色创新与"双碳"目标——"减排"和"增效"视角［J］.南京财经大学学报，2023（04）：79-88.

［104］胡留所，胡健，卢山冰.数字经济赋能低碳发展的机理分析与实证检验［J］.济南大学学报（社会科学版），2023，33（05）：69-80.

［105］胡西娟，师博，杨建飞.数字经济壮大实体经济发展的机制识别和经验证据［J］.经济问题，2022（12）：1-8.

［106］户华玉，佘群芝.制造业数字化转型能否降低出口隐含碳强度［J］.国际贸易问题，2022（07）：36-52.

［107］黄赜琳，蒋鹏程.数字低碳之路：工业机器人与城市工业碳排放［J］.财经研究，2023，49（10）：34-48.

［108］纪园园，朱平芳.数字经济赋能产业结构升级：需求牵引和供给优化［J］.学术月刊，2022，54（04）：63-77.

［109］江三良，贾芳芳.数字经济何以促进碳减排——基于城市碳排放强度和碳排放效率的考察［J］.调研世界，2023（01）：14-21.

［110］江元，徐林.数字经济、能源效率和碳排放——基于省级面板数据的实证［J］.统计与决策，2023，39（21）：58-63.

［111］姜汝川，景辛辛.京津冀地区数字经济发展对碳排放的影响

效应——来自 2011—2019 年 13 个地级及以上城市的经验证据 [J]. 北京社会科学, 2023 (04): 40-50.

[112] 蒋金荷. 中国碳排放量测算及影响因素分析 [J]. 资源科学, 2011, 33 (04): 597-604.

[113] 金殿臣, 陈昕, 刘帅. 数字经济如何助力"双碳"目标: 基于 275 个地级市的实证检验 [J]. 贵州社会科学, 2023 (09): 134-143.

[114] 金飞, 徐长乐. 数字经济发展对碳排放的非线性影响研究 [J]. 现代经济探讨, 2022 (11): 14-23.

[115] 金贵朝, 王国梁, 何怡然. 数字化水平、产业结构调整与区域碳减排 [J]. 统计与决策, 2023, 39 (03): 27-32.

[116] 经济学与管理学热点研究课题组, 李军林, 胡家勇等. 2021 年中国经济学与管理学研究热点分析 [J]. 经济学动态, 2022 (03): 108-122.

[117] 孔令英, 董依婷, 赵贤. 数字经济发展对碳排放的影响——基于中介效应与门槛效应的检验 [J]. 城市发展研究, 2022, 29 (09): 42-49+55.

[118] 黎新伍, 黎宁, 谢云飞. 数字经济、制造业集聚与碳生产率 [J]. 中南财经政法大学学报, 2022 (06): 131-145.

[119] 黎毅, 蒋青松. 数字经济碳减排效应分析——基于生产与消费端的双重路径分析 [J]. 南京审计大学学报, 2023, 20 (04): 81-90.

[120] 李海海, 黄岩朔. 数字化发展能促进"碳中和"目标实现吗?——基于城市面板数据的实证分析 [J]. 湘潭大学学报 (哲学社会科学版), 2023, 47 (01): 30-36.

[121] 李宏寅. 企业数字化转型能抑制股价崩盘风险吗? [J]. 财经论丛, 2023 (07): 58-67.

[122] 李健, 周慧. 中国碳排放强度与产业结构的关联分析 [J]. 中国人口·资源与环境, 2012, 22 (01): 7-14.

[123] 李江龙, 杨秀汪, 郭小叶. 数字经济发展赋能城市绿色经济

绩效——来自中国 282 个城市的经验证据［J］.厦门大学学报（哲学社会科学版），2023，73（04）：30-41.

［124］李南枢，宋宗宇.数字低碳与低碳数字："双碳"目标下数字经济发展的反思与重构［J］.中州学刊，2023（11）：33-40.

［125］李楠博.数字经济有效赋能城市低碳发展了吗？——来自低碳技术进步的解释［J］.东北师大学报（哲学社会科学版），2023（06）：71-82.

［126］李三希，王泰茗，武玙璠.数字经济的信息摩擦：信息经济学视角的分析［J］.北京交通大学学报（社会科学版），2021，20（04）：12-22.

［127］李小忠.数字经济发展与企业价值提升——基于生命周期理论的视角［J］.经济问题，2021（03）：116-121.

［128］李晓钟，吴文皓，顾国达.数字经济发展能否提升区域经济韧性？——基于中介效应、门槛效应和空间溢出效应的研究［J］.浙江大学学报（人文社会科学版），2022，52（12）：21-39.

［129］李元杰，李娜.全产业链视角下数字经济的碳排放效应——以河北省为例［J］.河北大学学报（哲学社会科学版），2023，48（03）：92-105.

［130］李治国，王杰.经济集聚背景下数字经济发展如何影响空间碳排放？［J］.西安交通大学学报（社会科学版），2022，42（05）：87-97.

［131］廖珍珍，茹少峰.数字金融发展对二氧化碳排放增减叠加效应的理论分析与实证检验［J］.经济问题探索，2022（09）：117-132.

［132］林伯强，蒋竺均.中国二氧化碳的环境库兹涅茨曲线预测及影响因素分析［J］.管理世界，2009（04）：27-36.

［133］刘承毅，李欣.环境规制对高碳制造业绿色低碳发展的影响——基于数字技术的调节效应［J］.首都经济贸易大学学报，2023，25（03）：18-31.

［134］刘慧，朱启荣．中国出口国内增加值增长与碳排放脱钩关系探究［J］．宏观经济研究，2023（09）：115-127.

［135］刘淑春．信用数字化逻辑、路径与融合［J］．中国行政管理，2020（06）：65-72.

［136］刘潭，徐璋勇．数字经济、异质性技术创新与二氧化碳排放［J］．科技进步与对策，2023，40（13）：1-10.

［137］刘伟丽，陈腾鹏．数字经济是否促进了共同富裕？——基于区域协调发展的研究视角［J］．当代经济管理，2023，45（03）：1-10.

［138］刘洋，吴叶勤，朱志红．数字经济与城市碳绩效提升：效应与机制［J］．调研世界，2023（08）：69-78.

［139］刘震，张晓星，魏威岗．农村数字经济发展对农业碳排放的影响——基于29个省份的面板数据分析［J］．江苏大学学报（社会科学版），2023，25（03）：20-32+47.

［140］罗润东，谢香杰，杨鸣．2021年中国经济学研究热点分析［J］．经济学动态，2022（02）：105-123.

［141］罗啸潇，刘勇，廖斌，王健龙．数字经济发展对能源要素错配的影响——来自中国地级及以上城市的经验数据［J］．资源科学，2023，45（03）：524-535.

［142］吕德胜，王珏，唐青青．数字经济实现了绿色创新"增量提质"吗——基于异质环境关注视角［J］．山西财经大学学报，2023，45（05）：55-68.

［143］马大来，陈仲常，王玲．中国省际碳排放效率的空间计量［J］．中国人口·资源与环境，2015，25（01）：67-77.

［144］马丽君，敖烨．数字经济对旅游业高质量发展的影响及空间溢出效应［J］．地理科学进展，2023，42（12）：2296-2308.

［145］马莉莉，余紫菱，任孟成．"数字—能源"耦合协调及其对能源效率的影响研究［J］．人文杂志，2022（11）：130-140.

［146］缪陆军，陈静，范天正，吕雁琴．数字经济发展对碳排放的

影响——基于 278 个地级市的面板数据分析 [J]. 南方金融, 2022 (02):
45-57.

[147] 庞瑞芝, 王宏鸣. 数字经济与城市绿色发展: 赋能还是负能?
[J]. 科学学研究, 2023 (02): 1-17.

[148] 彭水军, 张文城, 孙传旺. 中国生产侧和消费侧碳排放量测
算及影响因素研究 [J]. 经济研究, 2015, 50 (01): 168-182.

[149] 祁怀锦, 曹修琴, 刘艳霞. 数字经济对公司治理的影响——
基于信息不对称和管理者非理性行为视角 [J]. 改革, 2020 (04):
50-64.

[150] 秦炳涛, 俞勇伟, 葛力铭, 郭援国. 智慧降碳: 数字经济发
展对城市碳排放影响的效应与机制 [J]. 广东财经大学学报, 2023, 38
(03): 4-23.

[151] 屈超, 陈甜. 中国 2030 年碳排放强度减排潜力测算 [J]. 中
国人口·资源与环境, 2016, 26 (07): 62-69.

[152] 渠慎宁, 史丹, 杨丹辉. 中国数字经济碳排放: 总量测算与
趋势展望 [J]. 中国人口·资源与环境, 2022, 32 (09): 11-21.

[153] 任晓松, 孙莎. 数字经济对中国城市工业碳生产率的赋能效
应 [J]. 资源科学, 2022, 44 (12): 2399-2414.

[154] 戎爱萍. 数字经济研究: 进展与展望 [J]. 山西财经大学学
报, 2023, 45 (10): 74-82.

[155] 邵莉莉. 绿色元宇宙的法律规制——国内法治与国际法治协
同发展 [J]. 东方法学, 2023 (01): 79-90.

[156] 邵帅, 范美婷, 杨莉莉. 经济结构调整、绿色技术进步与中
国低碳转型发展——基于总体技术前沿和空间溢出效应视角的经验考察
[J]. 管理世界, 2022, 38 (02): 46-69+4-10.

[157] 邵帅, 张可, 豆建民. 经济集聚的节能减排效应: 理论与中
国经验 [J]. 管理世界, 2019, 35 (01): 36-60+226.

[158] 佘群芝, 吴柳. 数字经济发展的碳减排效应 [J]. 经济经纬,

2022，39（05）：14-24.

[159] 佘群芝，吴柳，郑洁. 数字经济、经济聚集与碳排放 [J]. 统计与决策，2022，38（21）：5-10.

[160] 史丹，孙光林. 数字经济、产业融合的绿色效应分析 [J]. 福建论坛（人文社会科学版），2023（04）：67-82.

[161] 舒季君，周建平，陈亦婷，刘程军. 中国省域数字经济的空间演化特征及其城乡融合效应 [J]. 经济地理，2022，42（08）：103-111.

[162] 宋德勇，卢忠宝. 中国碳排放影响因素分解及其周期性波动研究 [J]. 中国人口·资源与环境，2009，19（03）：18-24.

[163] 苏培添，王磊. 数字普惠金融对中国农业碳排放强度影响的空间效应与机制 [J]. 资源科学，2023，45（03）：593-608.

[164] 苏振，郑应宏，郭峦. 数字经济对旅游业碳排放效率的影响及门槛效应 [J]. 中国人口·资源与环境，2023，33（08）：69-79.

[165] 孙建卫，赵荣钦，黄贤金，陈志刚. 1995—2005 年中国碳排放核算及其因素分解研究 [J]. 自然资源学报，2010，25（08）：1284-1295.

[166] 孙久文，张可云，安虎森等. "建立更加有效的区域协调发展新机制"笔谈 [J]. 中国工业经济，2017（11）：26-61.

[167] 田成诗，陈雨. 中国省际农业碳排放测算及低碳化水平评价——基于衍生指标与 TOPSIS 法的运用 [J]. 自然资源学报，2021，36（02）：395-410.

[168] 田红宇，关洪浪. 数字经济对粮食生产碳排放的影响研究——来自长江经济带 108 个地级市的经验证据 [J]. 中国农业资源与区划，2023，44（08）：145-157.

[169] 田华文. "双碳"目标下数字经济赋能绿色低碳发展论析 [J]. 中州学刊，2023（09）：30-39.

[170] 田云，尹忞昊. 中国农业碳排放再测算：基本现状、动态演进及空间溢出效应 [J]. 中国农村经济，2022（03）：104-127.

［171］佟家栋，张千．数字经济内涵及其对未来经济发展的超常贡献［J］．南开学报（哲学社会科学版），2022（03）：19-33.

［172］万晓榆，罗焱卿．数字经济发展水平测度及其对全要素生产率的影响效应［J］．改革，2022（01）：101-118.

［173］王彬．全球价值链视角下数字经济对中国碳排放的影响［J］．资源科学，2023，45（09）：1899-1911.

［174］王春超，聂雅丰．数字经济对就业影响研究进展［J］．经济学动态，2023（04）：134-149.

［175］王芳，董战峰．数字经济对我国碳排放的影响——基于省级面板数据的实证检验［J］．改革，2023（03）：76-90.

［176］王国梁，胡敏．"东数西算"工程与传统产业和数字产业碳排放［J］．统计与决策，2023，39（12）：96-101.

［177］王军，王杰，王叶薇．数字金融发展如何影响制造业碳强度？［J］．中国人口·资源与环境，2022，32（07）：1-11.

［178］王丽萍，刘明浩．基于投入产出法的中国物流业碳排放测算及影响因素研究［J］．资源科学，2018，40（01）：195-206.

［179］王孟，刘东锋．数字技术赋能体育产业低碳发展的理论逻辑、现实困境与实施路径［J］．体育学研究，2022，36（01）：71-80.

［180］王群勇，李海燕．数字经济的节能减排效应［J］．贵州财经大学学报，2023（03）：81-90.

［181］王山，余东华．数字经济的降碳效应与作用路径研究——基于中国制造业碳排放效率的经验考察［J］．科学学研究，2024，42（02）：310-321.

［182］王守坤，范文诚．数字普惠金融与碳减排——基于中国县级数据的实证分析［J］．当代财经，2022（11）：53-64.

［183］王帅龙．数字经济之于城市碳排放："加速器"抑或"减速带"？［J］．中国人口·资源与环境，2023，33（06）：11-22.

［184］王硕，王海荣．双碳目标背景下中国数字经济健康发展的策

略研究 [J]. 当代经济管理, 2022, 44 (08): 11-16.

[185] 王文治, 陆建明. 中国对外贸易隐含碳排放余额的测算与责任分担 [J]. 统计研究, 2016, 33 (08): 12-20.

[186] 王香艳, 李金叶. 数字经济是否有效促进了节能和碳减排? [J]. 中国人口·资源与环境, 2022, 32 (11): 83-95.

[187] 王璇, 沈克印. 中国式现代化视域下数字经济助推体育产业高质量发展的实施路径 [J]. 沈阳体育学院学报, 2023, 42 (04): 115-121.

[188] 王元彬, 张尧, 李计广. 数字金融与碳排放: 基于微观数据和机器学习模型的研究 [J]. 中国人口·资源与环境, 2022, 32 (06): 1-11.

[189] 王真, 楚尔鸣. 信息基础设施建设能使"减排"与"增效"兼得吗? ——基于绿色技术创新视角 [J]. 现代财经 (天津财经大学学报), 2023, 43 (10): 74-89.

[190] 韦志文, 冯帆. 数字贸易对碳排放的影响——基于"一带一路"沿线 48 国的经验证据 [J]. 现代经济探讨, 2023 (08): 65-77.

[191] 吴传清, 邓明亮. 数字经济发展对中国工业碳生产率的影响研究 [J]. 中国软科学, 2023 (11): 189-200.

[192] 吴贤荣, 张俊飚, 田云, 李鹏. 中国省域农业碳排放: 测算、效率变动及影响因素研究——基于 DEA-Malmquist 指数分解方法与 Tobit 模型运用 [J]. 资源科学, 2014, 36 (01): 129-138.

[193] 武亚楠, 彭璧玉. 产业数字化与完全碳排放强度——基于 WIOD 跨国面板的实证分析 [J]. 技术经济, 2023, 42 (10): 105-115.

[194] 夏杰长, 刘睿仪. 数字经济、绿色发展与旅游业资源配置——基于我国省域面板数据的实证分析 [J]. 广西社会科学, 2023 (04): 129-138.

[195] 向宇, 郑静, 涂训华. 数字经济发展的碳减排效应研究——兼论城镇化的门槛效应 [J]. 城市发展研究, 2023, 30 (01): 82-91.

［196］肖宏伟．"十四五"规划纲要主要指标进展评估及展望［J］．经济纵横，2023（07）：27-33．

［197］肖静，曾萍．数字经济赋能地区低碳转型：内在机制与空间溢出［J］．现代经济探讨，2023（07）：23-33．

［198］谢非，周美玲．绿色金融对数字经济绿色发展影响效应研究［J］．重庆社会科学，2023（07）：35-50．

［199］谢文倩，高康，余家凤．数字经济、产业结构升级与碳排放［J］．统计与决策，2022，38（17）：114-118．

［200］谢云飞．数字经济对区域碳排放强度的影响效应及作用机制［J］．当代经济管理，2022，44（02）：68-78．

［201］徐蕾，翟丽芳．金融支持小微企业发展路径的研究综述及展望［J］．经济社会体制比较，2021（05）：64-73．

［202］徐维祥，郑金辉，周建平等．资源型城市转型绩效特征及其碳减排效应［J］．自然资源学报，2023，38（01）：39-57．

［203］徐维祥，周建平，刘程军．数字经济发展对城市碳排放影响的空间效应［J］．地理研究，2022，41（01）：111-129．

［204］徐毅，王志强．"双碳"目标下数字经济与地区绿色发展——基于国家级大数据综合试验区的分析［J］．哈尔滨商业大学学报（社会科学版），2023（04）：117-128．

［205］许宪春，胡亚茹，张美慧．数字经济增长测算与数据生产要素统计核算问题研究［J］．中国科学院院刊，2022，37（10）：1410-1417．

［206］薛飞，刘家旗，付雅梅．人工智能技术对碳排放的影响［J］．科技进步与对策，2022，39（24）：1-9．

［207］闫华飞，牛兰兰，肖静．TOE框架下地区碳减排的组态路径研究［J］．管理学刊，2023，36（03）：35-48．

［208］杨丹辉，胡雨朦．投入数字化对工业碳排放强度影响的实证分析［J］．城市与环境研究，2022（04）：77-93．

［209］杨刚强，王海森，范恒山，岳子洋．数字经济的碳减排效应：

理论分析与经验证据 [J]. 中国工业经济, 2023 (05): 80-98.

[210] 杨俊, 钟文. 数字赋能与物流业碳减排: 内在机制与经验证据 [J]. 统计与决策, 2023, 39 (20): 174-178.

[211] 杨莉莎, 朱俊鹏, 贾智杰. 中国碳减排实现的影响因素和当前挑战——基于技术进步的视角 [J]. 经济研究, 2019, 54 (11): 118-132.

[212] 杨骞, 刘华军. 中国二氧化碳排放的区域差异分解及影响因素——基于1995~2009年省际面板数据的研究 [J]. 数量经济技术经济研究, 2012, 29 (05): 36-49+148.

[213] 杨晓娟, 李兴绪. 中国数字贸易投入产出表的编制思路与分析框架 [J]. 统计与决策, 2022, 38 (08): 32-37.

[214] 杨昕, 赵守国. 数字经济赋能区域绿色发展的低碳减排效应 [J]. 经济与管理研究, 2022, 43 (12): 85-100.

[215] 杨秀, 付琳, 丁丁. 区域碳排放峰值测算若干问题思考: 以北京市为例 [J]. 中国人口·资源与环境, 2015, 25 (10): 39-44.

[216] 杨雪, 王永平, 王静. 数字乡村发展对农业碳排放强度的影响效应及作用机制检验 [J]. 统计与决策, 2023, 39 (11): 66-71.

[217] 杨仲山, 张美慧. 数字经济卫星账户: 国际经验及中国编制方案的设计 [J]. 统计研究, 2019, 36 (05): 16-30.

[218] 易子榆, 魏龙等. 数字产业技术发展对碳排放强度的影响效应研究 [J]. 国际经贸探索, 2022, 38 (04): 22-37.

[219] 余姗, 樊秀峰, 蒋皓文. 数字经济发展对碳生产率提升的影响研究 [J]. 统计与信息论坛, 2022, 37 (07): 26-35.

[220] 余祖鹏, 王孝行. 流通数字化对流通产业碳排放的影响与作用机制 [J]. 中国流通经济, 2023 (02): 1-10.

[221] 虞义华, 郑新业, 张莉. 经济发展水平、产业结构与碳排放强度——中国省级面板数据分析 [J]. 经济理论与经济管理, 2011 (03): 72-81.

［222］喻春娇，唐威．工业企业数字化转型能否促进碳减排——基于中国 A 股上市工业企业的证据［J］．宏观经济研究，2023（07）：97-110+127．

［223］袁伟彦，方柳莉，罗明．中国工业碳排放驱动因素及其脱钩效应——基于时变参数 C-D 生产函数的分解和测算［J］．资源科学，2022，44（07）：1422-1434．

［224］原磊，王山．数字经济助力现代化产业体系建设［J］．当代经济研究，2023（12）：5-13．

［225］张传兵，居来提·色依提．数字经济、碳排放强度与绿色经济转型［J］．统计与决策，2023，39（10）：90-94．

［226］张广胜，王珊珊．中国农业碳排放的结构、效率及其决定机制［J］．农业经济问题，2014，35（07）：18-26+110．

［227］张辉，吴唱唱．"一带一路"高质量发展对加快构建新发展格局的影响与实践路径［J］．社会科学辑刊，2023（05）：136-147．

［228］张嘉伟，胡丹丹，周磊．数字经济能否缓解管理层短视行为？——来自真实盈余管理的经验证据［J］．经济管理，2022，44（01）：122-139．

［229］张杰，付奎，刘炳荣．数字经济如何赋能城市低碳转型——基于双重目标约束视角［J］．现代财经（天津财经大学学报），2022，42（08）：3-23．

［230］张杰，魏振琪．数字经济能否驱动家庭消费低碳转型？——基于中国家庭追踪调查的经验证据［J］．现代财经（天津财经大学学报），2023，43（09）：3-19．

［231］张丽峰．基于变参数模型的北京碳排放影响因素研究［J］．资源开发与市场，2013，29（12）：1247-1250．

［232］张平淡，屠西伟．制造业集聚对改进城市碳全要素生产率的影响研究［J］．城市问题，2023（06）：37-45．

［233］张思思，崔琪，马晓钰．数字要素赋能下有偏技术进步的节

能减排效应 [J]. 中国人口·资源与环境, 2022, 32 (07)：22-36.

[234] 张伟, 朱启贵, 高辉. 产业结构升级、能源结构优化与产业体系低碳化发展 [J]. 经济研究, 2016, 51 (12)：62-75.

[235] 张文城, 白凤兰. 中国数字基础设施发展对环境污染的影响研究 [J]. 技术经济, 2023, 42 (05)：137-148.

[236] 张修凡, 范德成. 数字经济发展赋能我国低碳经济转型研究——基于国家级大数据综合试验区的分析 [J]. 科技进步与对策, 2023, 40 (19)：118-128.

[237] 张亚丽, 项本武. 数字经济发展对中国市域经济韧性的影响效应 [J]. 经济地理, 2023, 43 (01)：105-113.

[238] 张义, 黄寰. 数字经济发展对碳排放不公平的影响 [J]. 资源科学, 2023, 45 (06)：1223-1238.

[239] 张永奇. 数字普惠金融对农村土地流转的影响及机制研究——来自 CFPS 与 PKU-DFIIC 的经验证据 [J]. 经济与管理, 2022, 36 (03)：30-40.

[240] 张友国. 经济发展方式变化对中国碳排放强度的影响 [J]. 经济研究, 2010, 45 (04)：120-133.

[241] 张元庆, 刘烁, 齐平. 数字产业协同创新发展对碳排放强度影响研究 [J]. 西南大学学报 (社会科学版), 2023, 49 (03)：114-128.

[242] 张跃. 数字经济、时空动态效应与城市碳排放效率 [J]. 河北经贸大学学报, 2023, 44 (06)：87-98.

[243] 张云, 方霞, 杨振宇. 外商直接投资的碳排放效应与影响机制 [J]. 上海经济研究, 2023 (08)：70-84.

[244] 张哲华, 钟若愚. 数字经济、绿色技术创新与城市低碳转型 [J]. 中国流通经济, 2023, 37 (05)：60-70.

[245] 张争妍, 李豫新. 数字经济对我国碳排放的影响研究 [J]. 财经理论与实践, 2022, 43 (05)：146-154.

[246] 赵培雅, 高煜, 孙雪. "双控"目标下产业智能化的节能降

碳减排效应［J］. 中国人口·资源与环境，2023，33（09）：59-69.

［247］赵涛，张智，梁上坤. 数字经济、创业活跃度与高质量发展——来自中国城市的经验证据［J］. 管理世界，2020（10）：65-76.

［248］赵巍，徐筱雯. 数字经济对农业经济韧性的影响效应与作用机制［J］. 华南农业大学学报（社会科学版），2023，22（02）：87-96.

［249］赵欣，龙如银. 江苏省碳排放现状及因素分解实证分析［J］. 中国人口·资源与环境，2010，20（07）：25-30.

［250］赵星. 新型数字基础设施的技术创新效应研究［J］. 统计研究，2022（04）：80-92.

［251］郑萌萌."东数西算"赋能新时代共同富裕的理论逻辑与实践路径［J］. 苏州大学学报（哲学社会科学版），2023，44（06）：135-144.

［252］郑馨竺，张雅欣，李晋，王灿. 后疫情时期的经济复苏与绿色发展：对立还是共赢［J］. 中国人口·资源与环境，2021，31（02）：1-13.

［253］郑玉雯，李婧婧，薛伟贤. 数字经济培育西部零碳工业园区的路径研究［J］. 科技管理研究，2023，43（19）：227-240.

［254］钟群英，曹坪. 数字经济发展对区域碳排放的影响及其作用机制研究——基于我国30个省份的面板数据［J］. 江西社会科学，2023，43（05）：185-195.

［255］钟文，郑明贵. 数字经济对区域协调发展的影响效应及作用机制［J］. 深圳大学学报（人文社会科学版），2021，38（04）：79-87.

［256］周五七，聂鸣. 中国工业碳排放效率的区域差异研究——基于非参数前沿的实证分析［J］. 数量经济技术经济研究，2012，29（09）：58-70+161.

［257］周雪峰，韩露，肖翔."双碳"目标下数字经济对企业持续绿色创新的影响——基于数字化转型的中介视角［J］. 证券市场导报，2022（11）：2-12.

［258］朱于珂，高红贵，丁奇男，胡雅楠．地方环境目标约束强度对企业绿色创新质量的影响——基于数字经济的调节效应［J］．中国人口·资源与环境，2022，32（05）：106-119.